Ibiza et Formentera

Niklaus Schmid

Chantecler

Coucher de soleil sur la «montagne enchantée» de Sa Vedrà. Sa Vedrà est une petite île située au sud-ouest, à 382 mètres d'altitude. Lieu d'une beauté paradisiaque, cette île est considérée comme l'emblème d'Ibiza. S'y rendre en bateau est déjà toute une expérience.

SOMMAIRE

Bienvenue à Ibiza et Formentera

Vivre à Ibiza et Formentera

STOP-Merian

Villes et villages pittoresques

Excursions

Cartes et plans

Les combinaisons de lettres et de chiffres dans le texte renvoient à ces cartes.

Informations importantes

Ibiza est vallonnée tandis que Formentera est plane et a un charme plutôt farouche. Sœurs très différentes, elles se complètent pourtant.

Les deux îles ne sont séparées l'une de l'autre que par un bras de mer étroit, de trois milles marins à peine. Elles sont, en revanche, rattachées par le lien de parenté de leurs habitants et par leur histoire commune. Quand les Grecs de l'Antiquité parlaient d'Ibiza, Formentera en faisait toujours partie intégrante. Le terme «**Pityuses**» remonte également à l'Antiquité. Il signifie, en quelque sorte, «îles des Pins». Seules les îles de Majorque et Minorque appartenaient, alors, aux **Baléares**. Aujourd'hui, Ibiza et Formentera y sont intégrées.

Ibiza («la isla blanca»), l'île blanche? Formentera, l'île des solitaires? Des clichés à coup sûr! Car, il y a longtemps déjà, que le tourisme s'est développé dans les Pityuses et les a transformées. Mais, une chose est sûre, leur naturel a été conservé. Il reste, en effet, les maisons et les églises blanches, les collines vertes d'Ibiza, les vastes espaces de Formentera, les plages de sable non bâties, l'air pur et l'eau claire. En outre, les visiteurs constatent avec enchantement que les autochtones n'ont pas encore abandonné leur style de vie et que le soleil n'y invite pas seulement au bronzage.

Chambre avec vue sur un endroit tranquille: ses plages merveilleuses et son calme bénéfique sont le capital principal de l'île de Formentera.

Vous y trouverez quantité de choses à voir. Ibiza s'étend sur une superficie de 541 kilomètres carrés. Vous passerez de baies en pente douce à des falaises abruptes, de forêts de pins à des champs cultivés en terrasse. Même Formentera, qui ne s'étend que sur 100 kilomètres carrés, offre un paysage d'une diversité surprenante. Cette île offre des plages de sable claires et des langues de terre s'avançant loin dans la mer, des champs de blé et des vignes, de la garrigue où poussent des plantes aromatiques se prolongeant dans une contrée de pierres, d'éboulis et d'air ondulant de chaleur.

Le climat y est plus tempéré que dans les autres îles baléares. Les amandiers y fleurissent déjà en janvier. Les nombreuses fleurs sauvages apparaissent, quant à elles, en mars et en avril. Elles sont soit de couleurs tendres comme les narcisses et la citronnelle ou rouge vif comme les coquelicots. Les îles ressemblent, ensuite, à des jardins printaniers, tout en couleur, couverts de mauves et de marguerites, d'ail rose, de narcisses blancs et de fleurs de midi, qui forment des tapis lilas sur le sol sablonneux. Les immortelles, au parfum de curry, fleurissent en mai dans les champs en friche. Le blé y pousse déjà en juin.

Plus tard, l'odeur du blé fraîchement coupé se mélange au parfum du romarin et du thym.

Sur l'île, le décor est fait de paysans secouant au vent les céréales, selon la méthode ancienne, afin de séparer le bon grain de l'ivraie, de paysannes en costume populaire sombre et de chaumières ornées de rubans abritant des moutons et des chèvres. Drôle de décor pour une île, pour ainsi dire, au coin de l'Europe et qui renferme les discothèques les plus chaudes où fut jadis créé le look osé d'Ibiza.

Paysans devenus corsaires

Cependant, dans les Pityuses, la coexistence de l'«ancien» et du «nouveau» est une évidence. La «**matanza**», la fête de la bataille qui se déroule à la fin de l'année, la musique aux rythmes africains et les danses anciennes font encore partie des coutumes en usage. Les églises insulaires sont, depuis toujours, le centre de toutes les fêtes. Édifices simples aux lignes strictes et aux murs massifs, ces églises offraient autrefois une protection contre les attaques des pirates. Les villages ne se composent souvent de rien d'autre que d'une église fortifiée, d'un bazar, d'un café et d'une poignée de maisons. Seules les localités de Sant Antoni à l'ouest d'Ibiza et de Santa Eulària à l'Est ont connu un réel essor.

À Formentera, la vie de village ne s'est développée que tard et dans une moindre mesure. Les fermes isolées sont typiques des deux îles. Ces «**fincas**» blanches ou peintes de couleurs naturelles, à petites fenêtres et à porte bleue sont plantées çà et là dans le paysage. Les «**casas**», maisons, aux toits de tuiles inclinés sont, quant à elles, typiques de Formentera. À Ibiza, les «fincas» se composent de cubes. Si nécessaire, des cubes supplémentaires y sont ajoutés. C'est une manière de construire qui doit remonter au début de l'âge de la pierre.

Ces maisons sont construites par les paysans eux-mêmes. Ils semblent, d'ailleurs, dotés d'un sens esthétique inné. Elles sont décorées avec simplicité. Des cruches d'eau sont disposées dans l'embrasure des fenêtres. Sur le seuil, du basilic pousse dans des pots de fleurs avec lequel les paysannes aiment se frotter les mains pour respirer son odeur. Des tomates et des plantes sont suspendues au toit de la véranda. Et la citerne sert à récolter l'eau de pluie. Un buisson de cactus pousse toujours à l'arrière. Il est entouré d'oliviers et de caroubiers.

Les paysans de Pityuses étaient, autrefois, à la fois pêcheurs, bergers et artisans. Au besoin, ils s'engageaient sur des bateaux étrangers qui naviguaient jusqu'en Uruguay ou à Cuba où ils s'installaient avec leur famille.

Les Arabes ont planté les premiers dattiers

Les Pityuses ont également été, de tout temps, la destination d'étrangers. Les Romains y ont succédé aux Carthaginois comme maîtres de l'île. Lorsque l'empire romain s'effondra, ce fut le tour des Goths, des Francs, des Vandales, des Maures et des Normands. Ils prirent l'île et, comme ils souhaitaient y rester, ils la façonnèrent à leur gré. Les Carthaginois ont installé les salines. Des Romains, il reste un pont à Ibiza et les murs de soubassement d'un castel à Formentera. Les Arabes ont, quant à eux, planté les premiers dattiers et acclimaté les figues, les abricots et les oranges. Lorsque, au XIIIe siècle, les Maures furent chassés par les

Printemps à Formentera: Lorsque les coquelicots rouge vif recouvrent les champs et les prés, le spectacle ne fait pas que la joie des romantiques.

seigneurs catholiques catalans, après plus de 3 siècles de règne, ils ont laissé derrière eux des murs de terrasse, un système d'irrigation ingénieux, ainsi que des empreintes sur le mode de pensée et les visages des habitants de l'île.

Mais, les Pityuses ont également été la destination de nombreux étrangers au cours du XXe siècle. Les premiers sont arrivés au début des années trente. Il s'agissait, pour la plupart, d'intellectuels et de réfugiés qui cherchaient un lieu paisible dans l'Europe agitée. Au milieu des années cinquante, des peintres et des écrivains s'y sont installés. C'étaient souvent des gens de la ville qui, tout à fait volontairement, voulaient renoncer à l'électricité et à l'eau courante.

Les hippies découvrent leur paradis.

Après ces solitaires, ce fut, à la fin des années soixante, le tour des hippies: des personnages pittoresques qui fumaient de l'herbe, dormaient dans les dunes et sautaient nus dans les vagues. Le bistrot de Formentera «**Fonda Pepe**» devint leur lieu de rencontre. À Ibiza, ils vivaient de préférence dans la partie nord, dans les environs de **Sant Carles**. Les hippies voyaient dans les Pityuses le lieu idéal pour réaliser leur dessein d'un paradis sur terre: une vie tranquille sous le soleil méridional, le retour à la nature et la tolérance d'une population pacifique. Comme tous n'étaient pas couverts par un chèque mensuel paternel, les tendres rebelles commencèrent à fabriquer des bijoux. Ils lancèrent, ainsi, ces marchés hippies qui font, aujourd'hui, partie des attractions touristiques.

Les «fincas» de Formentera sont d'une simplicité harmonieuse. Leur toit légèrement incliné, typique de l'île, laisse mieux s'écouler l'eau de pluie que les formes cubiques habituelles que l'on trouve à Ibiza.

La jet-set suivit les traces des hippies à Ibiza. Face à d'autres endroits paradisiaques du monde, Ibiza a, à dire vrai, l'avantage d'être isolée du continent. L'île se situe dans le **golfe de Valencia** à cent kilomètres à l'est. Les gens riches et beaux pouvaient toujours y faire un petit tour en avion privé ou en yacht. Des photographes, de drôles de zèbres et des gens à l'esprit tordu sont, alors, apparus où l'on célébrait des fêtes clinquantes. L'écrivain américain **Clifford Irving** était un des leurs. C'est lui qui plagia les mémoires du milliardaire saugrenu Howard Hughes. Tout comme **Elmyr de Hory** qui copia tellement bien des tableaux de Matisse, Modigliani et d'autres maîtres tels que Picasso, que ce dernier prit pour sien un de ses tableaux. **Ernesto Ehrenfeld** faisait également partie du décor d'Ibiza de l'époque. Il y vivait depuis 1952 et y découvrit le peintre naïf Rivera Bagur.
Comme d'autres lunatiques, Ernesto a fortement participé à la renommée de l'île. Mais les conséquences imprévisibles, qui en ont découlé, lui ont préparé de sérieux maux de tête. «Notre Ibiza est devenue célèbre» affirme-t-il, d'un air critique. «Aujourd'hui, l'étranger y déambule d'un air assuré et semble croire que l'île lui appartient. Finalement, c'est bien lui qui y a apporté de nombreuses devises, les bienfaits de la civilisation et son style de vie».

Dangers du tourisme

Les autochtones ont, quant à eux, pris ce nouvel assaut avec calme. Ils se sont mis à vendre leur terre, à conduire des taxis et à ouvrir des

Même si le concept est démodé depuis longtemps déjà, les légendaires marchés hippies existent encore à Ibiza. Des vêtements légers, des châles en batik et toutes sortes de fatras sont mis en vente à Las Dalias tous les samedis.

restaurants. Cependant, petit à petit, ils ont pris conscience des dangers du tourisme tels que l'aliénation des générations, la consommation de drogues et les problèmes de déchets. Lorsqu'on leur demande, aujourd'hui, si c'était mieux avant, ils font mine de ne pas savoir ou d'être indifférents à la question en répondant «no lo sé» et «es igual». Les insulaires ont, en effet, un caractère réservé. L'histoire leur a appris qu'il n'était possible, sur une petite île, que de s'en sortir de cette façon. Les habitants d'Ibiza et de Formentera ont tiré une leçon d'un passé plus récent également. Ils savent, aujourd'hui, que la nature est la richesse par excellence des Pityuses. À peu près un tiers de l'île a, ainsi, été placé sous protection particulière. Les espaces verts et une centaine de mètres de large de bande côtière en font partie. En outre, des lieux historiques ont été restaurés et des travaux d'embellissement ont été entrepris. De même, les ports dotés de nouvelles promenades et les localités de zones à circulation interdite.

Vives et autres animaux

La région des salines d'Ibiza et de Formentera a été déclarée réserve naturelle. Elle est, en effet, un espace vital important pour les plantes et les oiseaux. Certes, les cormorans, les vanneaux et les flamants s'y sont faits plus rares au cours des dernières années, mais le monde ornithologique des Pityuses est toujours riche. La situation de l'île, entre l'Afrique et l'Europe, est favorable à la migration. Elle permet aux oiseaux de faire une pause. Un des oiseaux indigènes des plus typiques est la huppe fasciée. Les **loirs de jardin** sont typiques de Formentera. Ceux qui appartiennent à l'espèce de l'île sont particulièrement grands et beaux. Ils possèdent un pelage brun et le bout de leur queue est touffu et blanc. Ils portent, en outre, un masque facial noir.

Il vous arrivera peut-être de voir, dans la lumière des phares, le **hérisson errant des Pityuses**. Vous pourrez, en revanche, apercevoir le «**podenco ibicenco**», le lévrier propre à l'île, en automne, lors de la chasse aux lapins. Il est, en effet, élevé dans ce but. Rapide, fin et débrouillard, il est doté d'oreilles pointues et d'un long museau. Les propriétaires de «podencos» aiment à penser que les Phéniciens ont introduit cette race aux Pityuses. Les ancêtres des chats indigènes doivent encore être plus vieux. Ils possèdent de longues pattes et ils ont un air noble comme sur les illustrations de l'ancienne Égypte. Mais, les lézards sont, sans conteste, apparus en premier sur l'île. Ils sont parfois verts, parfois bruns et, toujours parés de lignes sur les flancs. Des espèces que l'on ne trouve nulle part ailleurs vivent sur les îlots de **Vedrà** et de **Tagomago**. Les «**geckos**» sont, pour ainsi dire, la réplique domestique du lézard. Il ne faut pas s'effrayer d'en voir dans son appartement, mais plutôt s'en réjouir car ils sont insectivores.

Il n'y existe pas de plantes toxiques ou de serpents venimeux bien que

«**Ophiusa**», l'ancien nom de Formentera, signifie «Île aux serpents». La vive, un petit poisson à épines venimeuses, représente en tout cas un danger. Les murènes, inoffensives, se cachent volontiers dans les cavités des falaises. Les plongeurs peuvent également y découvrir des poissons scies, des barracudas et même des tortues de mer. Ces dernières accostaient autrefois par centaines sur les plages de sable. Les dauphins et les marsouins s'y sont également fait rares. Cependant, avec un peu de chance, vous pourrez rencontrer ces animaux badins pendant la traversée qui vous mènera à Formentera.

Grande diversité, contrastes pénibles

L'image de «l'île blanche» transmise par les médias est très déconcertante. Ibiza est quelquefois décrite comme lieu de joie de vivre au carnaval perpétuel et aux plages remplies de jolies filles. Par ailleurs, des communiqués de presse relatent la mort de drogués ou parlent de baies laissées dans un état lamentable par les touristes. Tout est vrai et faux à la fois. Ibiza est artificielle et authentique, elle est tout à la fois cosmopolite et provinciale.

Dans un cercle de 20 kilomètres seulement, vous pouvez ainsi voir des vallées enchantées d'amandiers en fleur et d'horribles constructions de béton. L'île fourmille en outre de vrais artistes et de faux prophètes, de hippies ayant pris de l'âge et de play-boys. L'île a toujours été le rendez-vous de toutes sortes de cinglés et d'autres pratiquement revenus à la raison. Il vaut la peine de s'y immerger.

Ne manquez pas de visiter Formentera si vous aimez la tranquillité: un havre de paix pour tous les «marginaux» de notre époque.

Historien à chapeau: Les visiteurs peuvent observer de près le monument en bronze du prêtre et érudit d'Ibiza Isidor Macabich, au cours d'une promenade à travers la ville.

Formentera ne dispose pas d'aéroport. Un bon exemple pour ceux qui se rendent à Ibiza? Pourtant, presque tous les vacanciers y arrivent en charters.

En avion: Pratiquement tous les aéroports français et belges desservent Ibiza et Formentera. La compagnie aérienne espagnole Iberia est, bien entendu, spécialisée en la matière. Mais la plus grande partie des vacanciers réservent des **voyages organisés**, vol et hôtel compris, auprès des agences de voyages. En haute saison, ce sont, ainsi, principalement les **compagnies de charters** qui font la navette plusieurs fois par semaine. Entre novembre et avril, les vols se font plus rares.

La durée du vol varie en fonction de l'aéroport de départ. À titre indicatif, elle s'élève à environ 2 heures à 2 heures trente au départ de Paris ou de Bruxelles.

Le transport de bicyclette et de planche de surf est exempté de supplément, jusqu'aux 20 kilos autorisés. Il convient, cependant, de signaler leur transport lors de la réservation. À noter que les pneus de bicyclettes doivent être dégonflés avant leur remise au guichet.

Les prix du billet aller-retour varient en fonction de certains critères (date de départ, nombre de jours sur place, classe, etc), on se renseignera donc à ce sujet. À signaler que les **vols de ligne** sont

Manière la plus captivante de vous rendre sur l'île: lorsque vous effectuez la dernière étape du voyage en ferry, la ville d'Ibiza se présente à vous sous un angle particulièrement charmant.

généralement plus chers et plus conventionnels. Ils sont, en effet, pratiquement toujours tenus à un arrêt de plusieurs heures à Barcelone. L'aéroport d'Ibiza «**Es Codolar**» est proche de la côte méridionale de l'île. Lorsque l'appareil effectue son atterrissage, la petite île rocheuse, située à l'avant, apparaît d'abord et les salines, en forme d'échiquier, ensuite. Jusqu'au début des années quatre-vingt, les ruines d'un hôtel étaient encore visibles. Suite aux protestations des pilotes, il avait, en effet, été détruit parce qu'il se trouvait dans le champ d'atterrissage. Un exemple unique, qui montre clairement l'importance que revêt l'aéroport pour l'île.

En bus ou en taxi: Les vacanciers qui séjournent à Ibiza et qui ont opté pour le voyage organisé sont conduits, en bus, de l'aéroport à leur lieu de vacances. Par contre, ceux qui ont choisi de se rendre à Formentera sont conduits au port de la ville d'Ibiza. La **traversée** dure une heure avec un grand ferry ou avec le très vieux, mais très impressionnant, «Joven Dolores». Les vedettes modernes parviennent quant à elles à faire le trajet en 25 minutes. En été, les bateaux font la navette toutes les heures et en hiver, quatre à cinq fois par jour.
Les vacanciers qui voyagent de leur propre chef ont la possibilité de prendre le **bus de ligne**. Il fait la navette, entre l'aéroport et la ville d'Ibiza, toutes les demi-heures. De là, il existe des correspondances vers toutes les localités principales de l'île. Il est, bien entendu, plus simple de se rendre à son lieu de vacances en taxi. Les chauffeurs disposent de listes officielles, qui reprennent les tarifs pour chaque destination.

En bateau: Barcelone est le port principal des ferries pour les voyageurs qui arrivent en voiture, en train ou en eurobus. La traversée prend, en fonction des conditions météorologiques, de huit à neuf heures. Le trajet de **Valencia** à Ibiza est plus court. Il dure environ trois heures seulement. Le trajet en voiture est alors plus long et les frais d'essence et de péage plus élevés.
Le port local est situé à Ibiza même. Seuls les bateaux de la **ligne Pitra** venant de Dénia, au sud d'Alicante, accostent quotidiennement à Sant Antoni. Deux fois par semaine, ils poursuivent leur route à destination de La Savina. Variante bien pratique pour les visiteurs de Formentera, car ils ne doivent alors pas décharger leur voiture.
Réservez la traversée suffisamment tôt à l'avance. Les agences de voyages vous prodigueront volontiers des conseils. Elles fournissent également des renseignements sur les prix du moment. Il est évident que la traversée n'est pas donnée. Il peut être intéressant de prendre une voiture, si vous souhaitez rester plus de trois semaines sur place et que vous devez de toute façon en louer une. Pour autant, bien entendu, qu'il n'existe pas d'autres raisons d'entreprendre le voyage en voiture personnelle.

La Harley Davidson n'est pas indispensable et vous pouvez également partir à la reconnaissance d'Ibiza et de Formentera en voiture, en scooter ou à bicyclette.

Voiture: Quelques visiteurs s'y rendent en voiture personnelle. Vous pouvez également louer des voitures à l'aéroport et dans toutes les localités principales des îles. Elles ne sont, cependant, pas toujours en excellent état. Si vous n'êtes pas convaincu de la sécurité qu'elles offrent, il est préférable de vous adresser à la concurrence. Pendant les mois de juillet et août, lorsque l'affluence est à son comble, il vous sera, de toute façon, difficile d'en trouver.

Le mieux est de contracter une **assurance tous risques**, ainsi qu'une **assurance accidents**. Les rues asphaltées y sont en effet sinueuses et les chemins de campagne traîtres. La prudence est de rigueur sur la route qui relie la ville d'Ibiza à Sant Antoni. On en fait volontiers usage comme d'une autoroute.

Les prix d'une voiture de location sont échelonnés par mois. Ils atteignent leur plafond en juillet et en août. Une Opel Corsa coûte moins cher qu'une Seat Ibiza, quant à un tout terrain Nissan Patrol, il peut même vous revenir à trois fois plus. Pour louer une voiture, il faut avoir atteint l'âge de 23 ans et être détenteur d'un permis de conduire depuis deux ans au moins. Le taux d'alcoolémie est fixé à 0,8g. Les autres règles de circulation européennes habituelles sont valables également. Méfiance! La police punit sévèrement les infractions à **l'obligation du port de la ceinture de sécurité**. Ceux qui enfreignent les **règles de stationnement** reçoivent également des amendes sévères. En outre, les véhicules mal garés sont souvent bloqués à l'aide d'une **griffe**. Par contre, si le véhicule a disparu de son emplacement, il est probable que ce soit «la grùa», la dépanneuse, et non un voleur, qui est passée par-là. Les bornes rayées en jaune indiquent également une interdiction de stationnement.

Bicyclette: Ceux qui prennent leur vélo à Ibiza sont soit de pauvres paysans, soit des marginaux soucieux de l'environnement, soit des sportifs. À Formentera, la bicyclette est tout simplement le moyen de transport par excellence. Elle est traditionnellement équipée d'un panier pour y déposer ses provisions ou ses affaires de bain. Formentera est dotée de pistes cyclables et de sentiers permettant de faire du vélo à l'écart des grandes routes. Un prospectus reprenant les circuits à bicyclette et les circuits pédestres est disponible au bureau d'informations touristiques du port.

Vous pourrez louer des bicyclettes partout. Une bicyclette ordinaire ou un mountain-bike ne coûtent pas très cher par jour. Il peut être intéressant de louer à la semaine et de comparer les prix.

Deux-roues motorisés: Les cyclomoteurs et les scooters sont surtout appréciés par les jeunes. Il est préférable, dès lors, de se méfier des nombreux motocyclistes inexpérimentés sur les routes. Les scooters sont particulièrement instables sur les chemins de campagne et sur les pistes de sable.
Les motocyclistes sont tenus de porter **un casque**, même dans les localités fermées. Si vous roulez sans casque et que vous vous faites prendre, une amende relativement élevée est prévue par la loi.

Bus: Les lignes assurées par les bus publics sont généralement de très bonne qualité. La gare routière d'Ibiza est malheureusement située relativement loin du centre, dans l'avenue «**avinguda Isidor Macabich**». À pied, comptez environ un quart d'heure. Il existe des lignes à destination des plages principales et de toutes les localités. Vous pouvez vous procurer les **tickets** aux guichets; les prix sont très modiques.
À Formentera, le **bus de ligne** constitue un moyen idéal pour se faire une première impression de l'île. Certes, Gerónimo, homme loquace s'exprimant avec de nombreux gestes et ayant acquis une sorte de notoriété, s'est vu obligé de passer le volant à son successeur. Mais ce dernier crie également les nouvelles, laisse descendre les passagers entre deux arrêts et ouvre la porte à ceux qui lui font signe depuis le bord de la route.
Le bus fait la navette, trois fois par jour, entre La Savina et El Pilar, via Sant Francesc, Sant Ferran et Es Pujols.

Taxi: Il n'existe pas de centrale de taxi ni à Ibiza, ni à Formentera. Adressez-vous aux stations de taxi des lieux respectifs (cf. «Services»). Vous pouvez reconnaître certains taxis à leur sombre barre inclinée aux avant-portes. Une lampe verte sur le toit ou derrière le pare-brise indique un taxi libre.
Du reste, pour ne pas vous trouver face à une mauvaise surprise le jour du départ, il est préférable de convenir avec le chauffeur, la veille, de l'heure à laquelle il doit venir vous prendre.

«**Per pedes» (à pied):** En été, il va de soi que le port d'un chapeau s'impose et qu'il est nécessaire d'avoir toujours une bouteille d'eau sous la main. Une lampe de poche peut s'avérer indispensable, dans les régions rurales, quand vous vous promenez après la tombée de la nuit. Il n'y existe, en effet, pas d'éclairage public.
Par ailleurs, l'auto-stop n'est pas vraiment conseillé.
De longues heures peuvent s'écouler avant de trouver un automobiliste aimable.

Jusqu'au milieu des années cinquante, ainsi le veut la "coutume", aucun étranger ne pouvait passer la nuit à Formentera. Le premier hôtel d'Ibiza ne fut construit qu'en 1934.

On compte officiellement aujourd'hui 84 000 lits d'hôte aux Pityuses. Les experts estiment encore à 40 000 le nombre de lits non enregistrés. La majeure partie des 725 sites d'hébergement au total, hôtels, complexes à appartements et pensions, sont de standard moyen. Seul un des 300 hôtels d'Ibiza peut se parer de cinq étoiles. Il s'agit de l'**Hacienda Na Xamena,** près de Sant Miquel. Sept hôtels en ont obtenu quatre et 59 autres trois. La majorité des autres en possèdent deux ou une et certains n'en ont même aucune. L'évaluation officielle se base principalement sur l'équipement. Elle ne tient pas vraiment compte de la cuisine, du service et de l'hygiène. L'ambiance qui y règne est, quant à elle, complètement ignorée. Il n'est, dès lors, pas étonnant que sur l'île voisine seuls deux hôtels puissent se parer de quatre étoiles. Il s'agit des hôtels **La Mola** et **Formentera Playa.** À Formentera, le nombre d'étoiles ne revêt pas autant d'importance qu'à Ibiza. Les amis de Formentera préfèrent, en général, la pension familière, le petit complexe de vacances sur la plage ou le logement privé chez des connaissances.

À Ibiza, quelques hôtels luxueux promettent des nuits grandioses. L'hôtel La Ventana n'est qu'un exemple parmi tant d'autres. Il s'est établi dans une coquette ancienne maison seigneuriale dans la ville d'Ibiza.

Modernisation obligatoire

Afin d'augmenter la qualité du logement dans les deux îles, une loi a été promulguée. Le gouvernement de l'île n'autorise depuis que les nouvelles constructions d'hôtels pouvant proposer le confort d'un quatre ou d'un cinq étoiles. Les clubs de vacances peuvent faire partie de la catégorie inférieure. Les hôtels construits avant 1984 devaient, quant à eux, être rénovés avant la fin de l'année 1995. La plaque reprenant «M – Hotel Modernitzat» et l'année vous indique que la rénovation a bien eu lieu.
Bien que les directeurs d'hôtels tentent tant bien que mal de rendre les Pityuses attrayantes en hiver, ils n'y sont pas encore parvenus. Dès lors, quelques hôtels seulement sont ouverts en hiver à la ville d'Ibiza et, à Formentera, trois en tout et pour tout. Certes, la haute saison commence aux environs de Pâques, mais la plupart des entreprises hôtelières n'ouvrent que début mai. Elles ferment déjà dans la dernière semaine d'octobre.
Si vous voyagez de votre propre chef, pensez que les complexes de vacances et les grands hôtels sont souvent à la disposition d'organisateurs de voyages. **Réservez,** dès lors, **à temps** pour ne pas transformer la recherche d'une chambre d'hôtel en guerre des nerfs.

Classes de prix ★★★

Les prix sont valables pour une nuitée en chambre double, petit déjeuner non compris.
Classe de luxe:
à partir de 18 000 pesetas
Classe de prix élevée:
à partir de 12 000 pesetas
Classe de prix moyenne:
à partir de 6 500 pesetas
Classe de prix inférieure:
à partir de 4 000 pesetas

STOP-MERIAN

La Ventana Le petit hôtel est né, en 1984, d'une maison seigneuriale. Il est situé dans ce qui est probablement la plus belle petite rue de la Ville Haute. Des 14 chambres, celles de l'étage supérieur, avec vue sur les remparts, sont principalement conseillées. L'équipement intérieur est aussi pratique que de bon goût. Les moustiquaires recouvrant les lits français vous permettront d'ouvrir toutes grandes les portes-fenêtres, sans craindre les moustiques. La cuisine créative du restaurant de l'hôtel jouit également d'une bonne réputation. Av. sa Carrossa 13, ville d'Ibiza, Tél. 9 71/39 08 57, Fax 9 71/39 01 45, 14 chambres, Classe de prix élevée (AE, EC, Visa)
■ e2, p.44

Le «coca» n'est pas la boisson que nous connaissons, les «sopes» ne sont pas des soupes... Cependant, la paella est bien connue. Nul besoin qu'elle soit au menu tous les jours!

D'autant plus que ce mets à base de riz provient du continent. Les Pityuses ne sont pas un paradis pour les gourmets. Il y existe de bons restaurants mais, la plupart du temps, c'est un cuisinier étranger qui donne une note particulière aux plats.
La cuisine locale n'est pas facile à trouver. La liste des recettes authentiques est pourtant longue. Les habitants d'Ibiza et de Formentera ont dû se mettre à la cuisine internationale. Le résultat se nomme alors, le plus souvent, «escalope et frites» ou «pizza». Dommage! Il y existe même une cuisine de légumes qui soutient la comparaison avec toutes les pizzas et qui est, en outre, typique de l'île.

Vous ne trouverez cependant le «**coca**» accompagné de bettes, de poivrons et de poisson osseux que chez le boulanger. Une autre contribution à la culture culinaire espagnole vient également de lui. Il s'agit de l'«**ensaimada**», une sorte de beignet cuit au saindoux et saupoudré de sucre impalpable. Accompagné d'un café au lait (**café con leche**), il donne déjà un avant-goût des Pityuses.

Sant Antoni accueille l'hôte avec une attraction tout à fait particulière. En effet, le restaurant Sa Capella s'est établi dans une église qui n'a jamais été achevée. L'ambiance y est conforme au lieu.

Typique: le pot-au-feu

La cuisine de l'île a la réputation d'être une cuisine du pauvre, ce qui ne doit pas nécessairement constituer un désavantage. La misère obligeait autrefois les paysans et les pêcheurs à préparer une nourriture savoureuse et consistante à partir de peu d'ingrédients. Les aliments étaient cuits à l'huile d'olive et de l'ail, des oignons et des tomates y étaient ajoutés. Ils étaient épicés avec du safran, du paprika et de la cannelle. Comme on ne disposait, alors, que d'un seul endroit pour cuire – soit le feu ouvert de la «finca» soit le four annexé – le plat typique de l'île est devenu un pot-au-feu. Il est préparé dans un plat en forme de coquille, le «**greixonera**», ou dans le plat plus profond et plus bombé, l'«**olla**». Certains plats leur doivent leur nom. Comme l'«**olla fresca**», un pot-au-feu composé de plusieurs sortes de haricots, de pommes de terre et de poires et le «**greixonera de verdura**», une potée aux légumes issue de Majorque.

Spécialités des Pityuses

Outre le poulet, l'agneau et le porc, les saucisses locales «**butifarra**» et «**sobrasada**» ainsi que les pommes de terre, la cannelle et le safran font partie du pot-au-feu d'Ibiza et de Formentera appelé «**sofrit pagès**». En ce qui concerne les «**sopes**» populaires, il s'agit moins de soupes que de pot-au-feu. Ils sont accompagnés d'une tranche de pain de campagne que l'on pose au fond de l'assiette. Les gourmets apprécient particulièrement les plats à base d'agneau dont ils croient goûter la saveur de l'herbe salée qu'ils ont mangée.

Vous pourrez manger toute l'année le «**borrida de rajada**», un ragoût de raie à la sauce aux amandes et le «**cuinat**», en principe, à Pâques seulement. Ce mets végétarien est préparé à base de gros haricots («**habas**»), de pois blancs régionaux («**guijas**») et de bettes. Un bouquet de «**verdura**», une plante sauvage, en fait également partie. Il s'agit d'une plante qui, exactement comme le fenouil sauvage de taille humaine, pousse sur le bord des chemins. Le lapin aux oignons («**conill amb ceba**»), le riz à la seiche («**arròs a la bruta**») dont la sépia est utilisée dans la préparation, des escargots braisés («**caragols sofregits**»), que l'on mange avec un cure-dents sans faire de manières, sont toutes des spécialités qu'il ne faut pas manquer d'essayer.

Les «Tapas», à découvrir

Il est préférable de jeter un coup d'œil dans les établissements où les ouvriers prennent leur repas. Vous n'y trouverez certes pas une carte en trois langues, mais, par contre, un téléviseur fonctionnant constamment. Le plus souvent, les préparations se trouvent dans des plats sur le comptoir. Il s'agit de morue séchée («**bacalao**») à la sauce tomate, de boulettes de viande («**albóndigas**»), de rognons de mouton («**riñones**») à la sauce au vin et de sardines grillées.

Laissez-vous séduire! Et lorsque vous ne savez pas comment se nomme le plat, montrez-le simplement du doigt. Dites «una ración» ou «una tapa», c'est-à-dire «une portion» ou «juste une bouchée». Les petites portions s'appellent «tapa», à savoir couvercle, parce que l'on couvrait, autrefois, le verre de vin avec une sorte de «petite assiette» dans laquelle on sert, aujourd'hui, les mets.
Les restaurants «fincas», d'anciennes fermes transformées en restaurants, jouissent toujours d'une grande popularité. Les meilleurs ne font pratiquement pas de publicité et savent que les clients satisfaits recommanderont leur établissement à d'autres.
Si, en comparaison avec d'autres régions, la cuisine de l'île n'a pas une grande importance, elle trouve cependant sa grandeur dans de petites choses. Cette cuisine propose des amandes fraîchement pilées, des olives mises personnellement en bocaux - on le remarque au fait qu'elles sont légèrement fendues et à leur goût légèrement amer - et du «**pa amb oli i sal**», pain de campagne aux tomates, à l'huile d'olive et au sel. Le fromage de chèvre, fermenté et fabriqué «à l'ancienne» avec des feuilles de chardon, a un goût prononcé. On y ajoute des figues fraîches ou séchées aux plantes.

Sauce de Noël et asperge sauvage

Essayez le véritable miel de l'île, produit par des abeilles qui butinent du thym, ou l'omelette de pommes de terre («**truita amb patates**»), à laquelle les ménagères mélangent des asperges sauvages («**espàrrecs**»). À Pâques, les paysans préparent le gâteau au fromage «flaó». Il est agrémenté d'anis et couvert de feuilles de menthe. La «**salsa de Nadal**» est le plat de Noël par excellence à Ibiza. Il s'agit d'une sauce préparée à base de différents bouillons de viande, d'amandes et d'œufs et affinée avec du miel, de la cannelle et du safran. Traditionnellement, on la mange avec du pain au fenouil, que l'on ne trouve qu'à cette période de l'année.
La «**matanza**», la fête de la bataille qui se déroule à la fin de l'année,

Sucrée ou aigre, l'eau-de-vie aux herbes typique de l'île, «hierbas», a une saveur aromatique.

constitue également une vieille coutume. Pour l'événement, toute la famille se réunit pour la «grande bouffe». Ce qui ne passe pas dans l'estomac des convives des porcs engraissés au cours de l'année, est transformé en saucisse. La «**sobrasada**», déjà mentionnée, est une saucisse molle rendue non périssable avec du paprika doux. Du sang et de la cannelle sont ajoutés à la variante appelée «**butifarra**». C'est le maître de maison qui décide du goût qui convient, en prélevant une cuillerée du mélange. Satisfait, il fait oui de la tête et, dans le cas contraire, il l'assaisonne à nouveau. C'est un petit rituel qui peut tirer en longueur.

Jadis, en fait jusqu'au début du siècle, les gens élevaient souvent un cochon dans la ville. Il y errait avec toutes sortes d'autres bestiaux. Comme cette pratique fut source de problèmes, un décret fut pris aux termes duquel les animaux en liberté étaient la propriété de tous. La plupart des citoyens gardèrent, depuis, leurs animaux domestiques dans des étables à l'extérieur de la ville. D'autres promenèrent simplement leurs petits chéris en laisse.

Vin local, sangria ou champagne?

Il ne faut pas oublier de parler du vin. Le «**vi pagès**» est mis en cave «à l'ancienne». Vin de qualité, il est souvent amer, parfois fruité. Il ne fait pas l'affaire de tout le monde. Il est vivement conseillé d'en goûter chez un fermier, car les hôtels et restaurants n'en proposent pas. Ces derniers et les commerces ne proposent que les vins continentaux, de la célèbre région de La Rioja, mais également de Navarre et de la région d'exploitation catalane Penedés. La **sangria** est un mélange à base de vin rouge, de fruits et d'eau minérale. Elle est appréciée par les vacanciers. Elle peut être rafraîchissante mais elle peut également faire des ravages si celui qui reçoit prépare un mauvais coup.

Tout voyageur sait, aujourd'hui, qu'il ne faut pas boire l'eau du robinet. Lorsque vous commanderez de l'eau, le garçon vous demandera «gazeuse («**con gas**»)

Le moment pour prendre un café «cortado»: le petit bar, situé à côté du marché couvert de la Vieille Ville d'Ibiza, est un lieu de rencontre populaire des autochtones et des vacanciers.

ou non gazeuse («**sin gas**»)? On en trouve une dizaine de sortes dans les commerces. La «**Fonter**» a un goût faiblement amer, la «**Vichy Catalan**» est, quant à elle, légèrement salée. Le «**champán**» ou «**cava**», appellation officielle du champagne conformément à un décret européen, ne doit pas craindre la concurrence française. Pour autant, en fait, qu'il s'agisse des types secs («**seco**»). Les autochtones préfèrent, cependant, le «**semidulce**» (demi-sec).

La journée commence par le «café solo»

D'autres habitudes ont également été prises en ce qui concerne les repas. Ainsi, les Espagnols ne prennent en guise de petit déjeuner qu'un café noir («**solo**») ou avec un peu de lait («**cortado**»). Les insulaires ne se distinguent pas de leurs compatriotes continentaux à ce point de vue. Le second petit déjeuner, pris vers 10 heures, est déjà plus consistant. Les paysans et les ouvriers de la construction mangent, alors, volontiers leurs «**bocadillos**». Il s'agit de sandwichs variés. Les bars proposent également, avec le café du matin, des «**tostadas**», il s'agit de pain grillé accompagné de différentes garnitures telles que de la confiture ou du miel, du fromage et du jambon, de l'ail, des tomates et de l'huile d'olive.

À midi, c'est-à-dire pas avant 13 h 30, les autochtones prennent un repas chaud. Ils boivent également un petit verre et ensuite un café. La sieste commence juste après. Plus tard, vers 18 ou 19 heures, ils prennent volontiers une collation, histoire de couper un peu leur appétit avant le dîner qu'ils prennent aux environs de 22 heures.

Voici à quoi pourrait ressembler un dîner

En apéritif, un sherry. En entrée, une «**gazpacho**», une soupe froide

STOP-MERIAN

Restaurant de poisson sur la place du marché Il n'est possible de reconnaître ce petit restaurant anonyme de la ville d'Ibiza qu'à sa porte et à son comptoir carrelés en vert. Vous n'y trouverez pas de carte des menus, inutile d'ailleurs. Une tradition, depuis maintenant un siècle déjà, veut que le client achète le poisson qu'il souhaite manger dans la halle d'en face et le remette à la cuisinière afin qu'elle le prépare. La durée de préparation prend environ le temps d'une promenade au marché aux légumes. Ville d'Ibiza, face à la halle aux poissons, pas de téléphone, pas de nom.
Classe de prix inférieure ■ e2, p. 44

préparée avec des tomates, de l'huile, du vinaigre et de l'ail. En plat principal, des «**costelles d'anyellamb pebrassos**», côtelettes d'agneau grillées aux champignons ou du «**guisat de peix**» un pot-au-feu composé de différents poissons et de pommes de terre.
Le dessert pourrait être le «**greixonera**», une sorte de pudding de pain à base «d'ensaimada» assaisonné de cannelle et de citron ou le pudding à la vanille, «**flan**», recouvert d'une sauce caramel aigre-douce. Pour terminer, un verre de «cava» ou de «**hierbas**» eau-de-vie aux herbes à base d'anis. Le «**palo**» distillé à partir de caroube et le «**frígola**» aromatisé de thym sauvage sont issus des Pityuses. Il est difficile de se les procurer.

«La cuenta, por favor»

L'addition S.V.P! «**La cuenta todo junto**», l'addition générale, est de règle chez les Espagnols. Il est également de règle que les garçons indiquent une table. Et maintenant enfin, «**bon profit!**», bon appétit! Les restaurants proches des différents sites sont décrits au chapitre «Villes et villages pittoresques».

Classes de prix ★★★

Les prix sont valables pour un menu avec entrée, plat principal et dessert, boissons non comprises.

Classe de luxe:
à partir de 5 000 pesetas
Classe de prix élevée:
à partir de 3 500 pesetas
Classe de prix moyenne:
à partir de 2 500 pesetas
Classe de prix inférieure:
à partir de 1 500 pesetas
Menu touristique:
à partir de 1 000 pesetas

Vacances pour bons vivants comme dans le catalogue: du poisson frais dans l'assiette et une vue sur la vaste mer, il n'en faut pas plus pour être heureux.

Longtemps, les étrangers n'ont convoité qu'une seule chose des «sœurs» de la Méditerranée: le sel. Les hippies ne venaient, quant à eux, qu'y chercher la tranquillité.

Caractéristiques d'Ibiza: les marchés hippies

Le plus ancien **marché** hippie d'Ibiza se tient tous les mercredis, de Pâques à octobre, dans le complexe de vacances Punta Arabi à Es Canyar. Ce qui, en 1972, commença par quelques bijoux fabriqués main s'est développé en un gigantesque bazar de 400 échoppes. Les bijoux de toutes les formes et les ouvrages en cuir, en verre, en céramique et en bois font toujours partie des meilleures ventes. Il s'agit souvent d'articles fabriqués en série, car les articles de bon débit sont, en effet, immédiatement copiés. Il faut s'armer de patience pour trouver une pièce rare dans toutes ces babioles. Mais seule compte l'ambiance.

Vous pouvez demander aux artistes de faire votre portrait ou de vous tatouer, de vous tresser des fils de coton dans les cheveux ou de vous tirer les cartes. Des enfants qui crient, de la musique en direct ou diffusée dans des haut-parleurs, l'odeur de «tortilla», une armada d'autocars touristiques, de nombreux braves citoyens et quelques

Les célèbres marchés hippies proposent plutôt rarement de l'artisanat de valeur et de bon goût. Par contre, l'ambiance y est tout simplement unique et on y trouve toujours un petit souvenir «typique».

personnages habillés comme des aventuriers: vous y trouverez tout ce qui fait un marché hippie «typique». Tout? Ah oui, ces hippies! Nous y reviendrons plus tard. Des marchés qualifiés de «hippies» se déroulent également le samedi à **Las Dalias** près de Sant Carles, le vendredi à la **Platja d'en Bossa**, le jeudi à **Sant Miquel** et tous les jours sur la «ramblas», la promenade, à **Santa Eulària**.

Entre artisanat et «made in Taiwan»

Les touristes appellent également le rendez-vous du dimanche à El Pilar, sur l'île de Formentera, «marché hippie». Les exposants l'appellent, quant à eux, «**marché de l'artisanat**». Ils sont très respectueux du règlement. Que vous achetiez une écharpe en mohair ou de la confiture de mûres, une peinture représentant un figuier ou une recette de «porc de Formentera», si votre choix se porte sur un monstre coloré en béton, sur une boucle de ceinture en argent ou sur les charmantes poupées en costumes populaires, tout doit être fabriqué main. Au cours du semestre hivernal, ils ont le temps de se prêter à la fabrication des objets.

Les marchés des successeurs des hippies sont un peu plus dépravés. Tous les jours, ils étalent leurs marchandises dans la zone piétonnière de **Sant Francesc** et à **Es Pujols**. Ce qu'ils y proposent sort généralement d'usines de Barcelone, du Maroc ou même, souvent, d'Extrême-Orient.

Mode

Les articles de quelques vétérans de l'époque hippie sont originaux et ingénieux. L'Espagnol **Selim** en fait partie. Il est le cofondateur de la commune d'artistes de S'Hort près de Sant Miquel. Ses ouvrages en cuir, débordant de fantaisie, ont d'ailleurs déjà été exposés dans des galeries d'Amsterdam et de Zurich. Et, bien entendu, Mora, originaire de Düsseldorf. Elle s'abîma sur les côtes d'Ibiza, à l'époque des hippies. Elle est, aujourd'hui, en passe de devenir un personnage culte. Vous ne pouvez pas la manquer lorsque, entourée de son ami Djin et d'autres personnages pittoresques, elle est assise et vend sa mode grotesque au marché de **Las Dalias**. Des nippes tricotées qui n'ont pas grand-chose à voir avec la maille ordinaire mais plus avec l'érotisme, l'art, la vie et le caractère hippie. La devise de Mora: «Apporter la bonne humeur dans les garde-robes».

C'est également ce que voulaient, outre un peu d'argent, les fabricants de mode de la première heure. Leur propre créativité, ainsi que les mains habiles des femmes d'Ibiza à travers les siècles, ayant confectionné elles-mêmes leurs vêtements, leur vinrent en aide. Ils n'étaient pas vraiment hippies, plutôt marginaux.

Les premières créations étaient réalisées à partir d'étoffe de rideaux, de soie teintée et de toile de coton. Des pantalons légers et des vêtements désinvoltes, lacés, échancrés, retroussés, ornés de dentelles et de bijoux hindous, cela revenait à ça. Tout le monde aurait, alors, souhaité devenir hippie, même si ce n'était que pour le temps des vacances.

Look d'Ibiza

Une mode à son gré, en latin, «ad libitum» ou en abrégé «**ad lib**». Au début des années soixante-dix, les fabricants de mode d'Ibiza s'associèrent et participèrent aux foires, de Munich à Paris, sous ce label ingénieux, ainsi que sous la direction de l'épouse d'un diplomate **Smilja Mihailovitch**. Le look Ibiza était né. Il y a longtemps déjà. Sa renommée s'est quelque peu ternie. Cependant, il existe toujours, à Ibiza, plus de boutiques que dans certaines métropoles européennes.
Mais ce qui y est suspendu flotte et scintille sur les cintres n'est plus qu'en moindre mesure cousu par des couturières locales. Les marques internationales telles que Kenzo ou Versace rivalisent, en effet, avec les nouveaux fabricants de mode d'Ibiza. En outre, les guenilles d'Extrême-Orient menacent les pionniers d'antan.
Il n'est, à vrai dire, pas toujours aisé de reconnaître les originaux des copies et des vêtements à quatre sous des grands magasins. Avoir l'œil peut être utile.
Le prix est, bien entendu, un bon indicateur d'authenticité également. Une cliente soucieuse de la qualité paie une robe à un prix relativement convenable à la boutique Paula's. Un ensemble pantalon très chic, de Dora Herbst, coûte beaucoup plus cher. Un costume de la créatrice de mode Elena Deudero coûte même deux fois plus cher.
Malgré la tradition hippie, il n'est pas convenable de marchander. Il faut attendre la fin de la saison pour bénéficier de réductions de prix. Dames et messieurs peuvent, alors, parfois acquérir les articles de qualité à moitié prix.

STOP-MERIAN

Mode insulaire Les articles de mode sont plus avantageux à Formentera qu'à Ibiza. La «**Boutique Bernadette**» de Sant Francesc offre le plus grand choix. Les modèles portant l'étiquette «Mariquita» sont exclusivement confectionnés par des couturières locales. Ce sont des vêtements très faciles à porter. Mais la «Boutique Bernadette» est plus qu'une boutique de mode. Elle est le point de chute des visiteurs. Parce que la Suisse de naissance ne perd pas son calme, même lorsqu'en haute saison elle donne des renseignements en trois langues et conseille ses clientes en trois autres langues encore. Sant Francesc, calle Isidor Macabich 13, Tél. 9 71/32 24 84, Sant Francesc ■ H4

Souvenir original

Cherchez-vous encore un souvenir peu ordinaire? Les spiritueux aux herbes «**hierbas**» (que l'on peut acquérir dans trois goûts, d'âpre à doux), et le «**palo**», les figues séchées et le fromage de chèvre garantissent une expérience culinaire, même aux fins gourmets. Il ne faut pas oublier le **sel**, le véritable gros sel des salines, à haute teneur en phosphore. Il est plus cher à la tonne. Il est gratuit, lorsque vous vous rendez personnellement dans les salines et que vous y remplissez vous-même un petit sachet.

Vous pouvez trouver des **illustrations** et des **représentations graphiques**, des styles les plus divers à la ville d'Ibiza et quelques galeries à la campagne. En outre, les communes et les banques La Caixa et Sa Nostra offrent la possibilité aux artistes d'exposer leurs œuvres. Les petits ateliers de Sant Rafel proposent des **ouvrages en verre** et en **céramique**. Pour ce qui est des **articles en cuir**, il faut principalement se rendre à Santa Agnès et Santa Gertrudis. Les très populaires **sacs en raphia** sont, quant à eux, suspendus dans toutes les boutiques de souvenirs. Les «**cestos**» de Mariano Simon à Formentera sont assez spéciaux. Il est le seul vannier à encore utiliser le sparte stable. Épargnés par tous les courants de mode, mais merveilleux dispensateurs de chaleur, les pull-overs de laine de mouton, filés et tricotés par de vieilles paysannes, sont toujours les bienvenus.

Les vêtements colorés et décontractés s'écoulent toujours bien dans les marchés. Les clients ne se font, dès lors, pas attendre.

Heures d'ouverture des commerces

Les commerces sont ouverts de 9 h à 13 h 30 et de 17 h à 20 h et, dans les lieux de vacances, même jusqu'à la tombée de la nuit. Les marchés couverts de la ville d'Ibiza et les marchés aux légumes de Santa Eulària et de Sant Antoni sont ouverts, tous les jours, de 8 à 14 heures. Le samedi, les autochtones font leurs achats et les magasins sont souvent bondés.

Une bonne nouvelle pour terminer. Vous trouverez encore les «**tiendas**» à la campagne. Des épiceries qui tiennent tous les articles, où vous pourrez téléphoner, prendre un verre et apprendre une quantité de petites choses de la vie quotidienne.

Sur une île de vacances, le sport et les plages sont un concept. Mais les activités sportives ne sont pas uniquement liées à l'eau, certaines vous emportent même dans les airs.

Sur les deux îles, vous pourrez faire de l'équitation, du tennis, de la voile, du surf et de la plongée. Vous pourrez, en outre, apprendre les rudiments de ces sports dans les clubs et écoles de l'endroit et même vous mesurer, déjà, à des adversaires dans des concours. À Ibiza, vous pourrez jouer au golf, au squash et au badminton. Les deux îles sont en outre dotées de beaux sentiers pédestres et de pistes cyclables. Si vous n'êtes pas sportif, vous pouvez, par exemple, regarder pratiquer le plus vieux sport des Baléares, à savoir le tir au lance-pierres («**tir amb bassetja**»). L'île doit ce sport aux Carthaginois. Sous le règne d'Hannibal, les soldats d'Ibiza utilisaient, en effet, avec succès, cette arme contre les Romains. Leurs ancêtres l'utilisèrent pour la chasse aux lapins. Aujourd'hui, des sportifs soucieux de la tradition lancent des cailloux sur une cible, à l'aide d'un lance-pierres en chanvre et en cuir. Des concours sont disputés le dimanche dans le stade de Sant Josep.

À signaler que l'archipel doit son nom «Baléares» au nom que les Grecs donnaient au lance-pierres, «ballein».

À la recherche de l'ultime émotion, vous pourrez vous essayer au vol à spinnaker au large d'Ibiza.

Parachute ascensionnel

Avec ce type de parachute, le passager est entraîné à 20 mètres en l'air, grâce à une vedette, et ramené sur mer après dix minutes.

Centro Deportivo Náutico Boca Río
Sur la plage proche de l'hôtel Riomar
Santa Eulària
Tél. 9 71/33 19 84

Surf, Sail & Fly
Sur la plage de Pujols
Formentera
Tél. 908/53 40 08

Fitness

Club Ahmara ■ B 4
Sur la route de Sant Josep, au kilomètre 2,7
Tél. et fax 9 71/39 55 06

Football

Le match de coupe pour jeunes équipes est disputé, à la Pentecôte, à Formentera.

Golf

L'unique terrain de golf d'Ibiza a bonne réputation auprès des connaisseurs.

Golf «Roca Llisa»
Entre la ville d'Ibiza et Santa Eulària
18 trous
Tél. 9 71/19 61 18

Équitation

Il existe des écoles d'équitation. On peut également louer un cheval dans de nombreux complexes:

Es Puig ■ D 3
«Finca» près de Santa Gertrudis
Tél. 9 71/19 71 66

Les établissements suivants organisent des randonnées équestres:

Can Cires
Sant Antoni
Tél. 9 71/34 15 54

Can Mayans
Santa Gertrudis
Tél. 9 71/18 73 88

Easy Rider
Cala Llonga
Tél. 9 71/19 65 11

Sahona Horses
Près de Sant Francesc, nationale à destination du Cap de Barbaria
Tél. 9 71/32 30 01

Voile et surf

Les licences de voile européennes sont reconnues pour la location d'un bateau. De nombreuses écoles proposent des cours de surf et de voile et louent des funboards et des catamarans.

Club Náutic Sant Antoni ■ b 3, p. 60
Cours de voile et de surf, pas de location.
Passeig Maritim s/n
Tél. 9 71/34 06 45, Fax 9 71/34 56 07

Club Punta Arabi ■ F 3
À Es Canyar près de Santa Eulària
Tél. 9 71/33 06 50

Club Surf Ibiza ■ D 5
Platja d'en Bossa
Tél. 9 71/19 24 18

Escuela de Vela Cala Pada ■ E 3
Santa Eulària
Tél. 9 71/33 08 86

Surf, Sail & Fly
→ Parachute ascensionnel

Plongée

Bonnes conditions de visibilité sous-marine. Possibilité de voir des épaves, des poissons et, à l'île de Vedrà, même des coraux. Bons secteurs de plongée. Pour la chasse sous-marine, une autorisation est requise. Il n'est, cependant, pas facile de l'obtenir. Il est, par contre, très simple d'apprendre à plonger dans une des nombreuses écoles.

Aquanautic ■ A 4
Platja Cala Vadella
Tél. et fax 9 71/80 82 67

Cala Pada ■ E 3
Platja Cala Pada, Santa Eulària
Tél. et fax 9 71/33 07 55

Figueral ■ F 2
Platja des Figueral
Tél. et fax 9 71/33 54 10

Free Delfin Diving ■ A 4
Hôtel club Delfin, Cala Codolar
Tél. 9 71/80 62 10, fax 9 71/80 60 52

San Miguel ■ D 1
Port de Sant Miquel
Tél. et fax 9 71/33 45 39

École de plongée de Formentera ■ K 5
Hôtel La Mola, Platja d'Arenal
Tél. et fax 9 71/32 72 48 ou 989/68 56 96 (9-18 heures)

Tennis

Tous les complexes de vacances et la plupart des grands hôtels sont équipés de terrains privés. En outre, le Club Ahmara (Tél. 9 71/39 55 06) est doté de terrains éclairés. À Formentera, le village de vacances Punta Prima et l'hôtel La Mola disposent de terrains de tennis.

Course de trotteurs

Hippodrome ■ D 3
Sant Rafel
Hippodrome ■ C 5
Sant Jordi
Le dimanche après-midi
Informations complémentaires dans la presse quotidienne et au numéro de Tél. 9 71/39 66 69 (Sant Jordi).

Ski nautique

Vous pourrez en faire aux abords de presque toutes les grandes plages.

Plages

Les plages des Pityuses font partie des plus belles plages de la Méditerranée et sont également les plus propres. Chaque année, une dizaine environ sont décorées du drapeau bleu européen, symbole de leur qualité. Qu'il s'agisse de plages de sable ou de galets, d'une baie isolée où l'on entend le chant des cigales, de plages animées où des millionnaires jettent l'ancre ou encore de celles où des vendeurs de boissons ne sont jamais bien loin, il y en a pour tous les goûts. La règle est «plus l'accès est aisé, plus la plage sera bondée». Les baies féeriques ne sont, en effet, accessibles qu'avec peine et en bateau.

Plages d'Ibiza
Vous trouverez, ci-après, un éventail de la cinquantaine de plages d'Ibiza. Par souci de simplicité, elles sont reprises selon leur situation, à partir de la ville d'Ibiza, dans le sens des aiguilles d'une montre.

Platja d'en Bossa ■ D 5
Il s'agit de la plus longue plage d'Ibiza. Elle est devenue célèbre en raison des personnalités qui s'y rendaient et des belles filles qu'on y trouvait. On l'appelle malicieusement la «plage

Rolex». Les hôtels, le bruit de l'aéroport, la mer calme ont subsisté. Par contre, le beau monde s'y fait rare, depuis quelque temps.

Es Cavallet ■ D 5
La plage de dunes est officiellement ouverte au naturisme. La partie moyenne est connue pour être le rendez-vous des homosexuels. Vous pourrez vous y allonger à l'ombre des pins, y regarder des surfeurs en pleine action et y prendre un verre à un des bars côtiers.

Ses Salines ■ D 6
La baie offre de merveilleuses dunes et une mer calme. Vous pouvez vous y rendre en bus. Le dimanche, de nombreuses familles espagnoles s'y rendent également. Dans les environs de la tour de défense, il fait proportionnellement calme. Les côtes de Ses Salines font, en effet, partie du parc naturel protégé du même nom. À l'exception de quelques restaurants, l'endroit est désert.

Cala d'Hort ■ A 5
Plage étroite de sable et de galets située au pied d'une falaise très romantique. Vue merveilleuse sur l'île «Isla Es Vedrà». Bon restaurant de poisson.

Cala Salada ■ B 3
Malgré sa proximité de Sant Antoni, la baie semble encore vraiment primitive. Elle se compose de deux plages au sable très fin et à l'eau pure. Ressac important, par moments.

Na Xamena ■ D 1
Cette plage absolument calme est située entre de hauts rochers. Le sable y est peu abondant et l'ombre totalement absente. Vous pouvez y accéder aisément par la mer. Par la route, allez jusqu'à l'hôtel Hacienda Na Xamena et poursuivez le chemin à pied. N'oubliez pas vos provisions!

Cala del Jonc ■ F 1
Anse de galets creusée en profondeur. Elle est très pittoresque et l'eau y est transparente. Endroit féerique et pour-

Jongler avec pour toile de fond la «montagne enchantée» de Sa Vedrà, à la Cala d'Hort: réussite assurée!

tant peu fréquenté. Un bateau ou de bonnes chaussures sont, en effet, nécessaires pour y accéder.

S'Aigo Blanca ■ F 2
Seconde plage officielle de naturisme. Elle s'étend sur quelque 500 mètres de sable. Les familles avec enfants apprécient particulièrement son centre. Si vous recherchez le calme, évitez la pointe rocheuse au Nord.

Cala Boix ■ F 2
Baie cachée dont la plage de sable est bien entretenue. Elle ne s'anime que le week-end.

Cala Mastella ■ F 2/F 3
Les habitués se disputent pour déterminer qui, de la petite plage de sable ou du restaurant de poisson situé dans la baie, l'emportera.

Cala Pada ■ E 3
Le club du même nom prend soin de la plage adaptée aux enfants. Elle est dotée de nombreuses facilités sportives et de nombreux restaurants. En raison des bonnes correspondances à destination de Santa Eulària, elle est envahie en haute saison.

Cala Llonga ■ E 4
Plage de sable de 200 mètres de long. Située dans un bel environnement, malheureusement trop bâti.

Cala Olivera ■ E 4
L'unique plage située entre Santa Eulària et la ville d'Ibiza, et qui n'est pas envahie de monde. Plage de galets et de rochers. Accès peu commode par le domaine du club de golf Roca Llisa.

Plages de Formentera

Platja de ses Illetes ■ I 3
Longue plage de sable, située sur la côte ouest de la langue de terre de Trucador. Elle s'étend en direction d'Ibiza et, de là, semble attirer les yachts et les plus belles filles. La plage officielle de naturisme de Formentera arbore le drapeau européen. L'eau y est claire et de couleur turquoise.

Platja de Llevant ■ I 3
C'est ainsi que se nomme la côte est de la pointe de terre. Longue plage de sable, mais bien plus calme. Adaptée aux enfants et aux joggeurs. Constructions absentes.

STOP-MERIAN

Espalmador Les romantiques décrivent la petite île située entre Ibiza et Formentera comme «Un petit bout des Caraïbes en Méditerranée». Vous y trouverez une hacienda, une tour sarrasine, une lagune à bain de boue et deux baies de sable merveilleuses. Espalmador est, probablement, la seule île féerique accessible sans bateau. Vous pouvez, ainsi, vous rendre à vélo jusqu'à la plage Platja de ses Illetes, poursuivre à pied, via la pointe de terre de Trucador, jusqu'au détroit Es Pas et terminer les 200 mètres restants en pataugeant. Certes, l'île de 3 kilomètres carrés est un terrain privé, mais la région côtière est ouverte aux visiteurs. ■ B2

Sa Roqueta ou Platja de ses Canyes ■ I 4
Petite plage de sable alternant avec des promontoires rocheux. Plage populaire, appelée également «Plage Désirée» du nom d'une Hollandaise qui y tenait, jadis, un bar.

Cala des Pujols ■ I 4
Baie de baignade bien protégée et propre. Elle est la préférée des familles et des hôtes d'un jour. Restaurants, pédalos, planches de surf et stands de hippies à portée de main.

Platja Tramuntana ■ K 5/L 5
L'endroit le plus étroit de la côte nord est idéal pour les plongeurs avec tuba. Les baigneurs trouveront, à proximité du village de pêcheurs Es Caló, de petites baies de sable qui ne sont pas envahies, même en été.

Platja de Migjorn ■ I 5/K 5
La côte sablonneuse plane de 6 kilomètres est faite de dunes et d'arbustes, d'herbe et de narcisses de plage. Des pointes rocheuses divisent la plus longue et la plus belle plage des Pityuses. Chacun y trouvera, dès lors, sa baie. Vous y trouverez le «pirata-bus», la baraque de plage la plus originale de Formentera. Il y a quelques années, le vieux bus dut être remplacé par une baraque en bois. Il conserva, par contre, son nom et sa musique. Le bar est le rendez-vous des anciens hippies, des insulaires par choix et des farfelus à moto.
Méfiance! Sous le drapeau de pirates, un drapeau rouge avertit parfois les nageurs du danger des courants, qui y apparaissent même par temps calme.

TOPTEN 9

Cala Saona ■ H 5
Baie de sable située à l'est et entourée de hauts rochers. Vous y trouverez un hôtel de classe moyenne, un restaurant de poisson et un hangar à bateaux. Elle est particulièrement pittoresque juste avant le coucher du soleil.

Nombreuses baies isolées et ignorées sur l'île bruyante d'Ibiza. Il suffit de chercher un peu.

Au nouvel an, les insulaires se souhaitent les meilleurs vœux et de nombreuses années encore. «Bones festes!» convient pour toutes les fêtes et il y en a beaucoup.

Toutes les localités des Pityuses, à l'exception de la ville d'Ibiza, portent le nom de saints. La fête patronale est, dès lors, célébrée à une date particulière. Des processions, de la musique traditionnelle et des danses ont alors lieu. Un bon repas, un verre de plus qu'à l'accoutumée et un feu d'artifice à minuit font partie des ingrédients. Des concours et des jeux sont également organisés.

Les jeunes filles portent fièrement, à cette occasion, les «**emprendades**», ces bijoux précieux qui se composent de chaînes en or, de broches et de croix. Elles portent, en outre, un foulard sur les épaules, une longue jupe et un tablier. Les hommes portent une chemise et un pantalon blanc et un béret qui retombe sur une oreille. Les hommes comme les dames sont chaussés d'«**espardenyes**», espadrilles tressées avec du chanvre.

La plupart des cérémonies ont une origine religieuse. Mais, souvent, une gaieté méditerranéenne prend le dessus. Un visiteur averti découvrira rapidement où et comment il peut participer à la fête. Bien souvent, ce ne sera, malheureusement, qu'en spectateur. C'est le cas, en juin, lorsque à la «**Semana de la Moda**», semaine de la mode, les créateurs de mode présentent leurs nouvelles créations. Il s'agit également de regarder et d'écouter, en juillet, au **Festival de jazz d'Ibiza** et, en automne, à la «**Semana internacional del Cine**», semaine internationale du cinéma. Les navigateurs à voile se rencontrent, la semaine de Pâques, à la «**Ruta del Sal**», une des plus grandes régates en Méditerranée.

Il faut assister à une fête ou à des danses folkloriques pour voir les pittoresques costumes populaires d'Ibiza, comme ici à Sant Miquel.

Janvier
Los Reyes Magos
Les rois mages parcourent les rues à dos de cheval ou en voitures décapotables, afin d'offrir des présents aux enfants.
5/6 janvier

Fête patronale à Sant Antoni
17 janvier

Fête patronale à Santa Agnès
21 janvier

Février
Fête patronale à Santa Eulària
12 février

Mars
Fête patronale à Sant Josep
C'est également la fête de tous les «Pepes», «Peps» et «Pepitas».
19 mars

Avril
Semana Santa
Semaine sainte avec processions dans différentes localités. Le soir du Vendredi Saint, d'inquiétants pénitents encapuchonnés portent une statue du Christ à travers les petites rues de la ville d'Ibiza. C'est un spectacle effrayant et beau à la fois.

Fête patronale à Sant Vicent
5 avril

Fête patronale à Sant Jordi
23 avril

Mai
Festa de la flor
Fête florale à Santa Eulària
1er dimanche de mai

Fête patronale à Sant Ferran
30 mai (Formentera)

Juin
Festes de Sant Joan
Fête de tous ceux qui se prénomment «Juan» ou «Joan». Fêtes à Sant Joan (Ibiza) et à El Pilar (Formentera), où un feu de bois éclaire la nuit la plus courte de l'année.
23/24 juin

Juillet
Virgen del Carmen
Fête de la vierge Carmen dans les ports de la ville d'Ibiza, de Sant Antoni et de La Savina à Formentera célébrée

Stop-Merian

Ball pagès, Tirada de galls et Sa cantada S'il faut l'inclure dans le programme des fêtes, il s'agit tout simplement d'une coutume très ancienne comme, par exemple, à la «Festes de la Terra» entre le 5 et le 8 août à Ibiza et à la «Festes de Sant Jaume» le 25 juillet à Formentera. La musique de la fête «Ball pagès» trahit une influence arabe. Des flûtes en laurier-rose, des tambours et de grandes castagnettes donnent, alors, le ton. Le «Tirada de galls» est un jeu de quilles pour lequel le vainqueur reçoit un «Gall», coq. À la «Sa cantada», un chant déclamé est entrecoupé de coups de tambourin saccadés.

par des processions maritimes, des compétitions et des jeux nautiques.
16 juillet

Sant Jaume
Saint Jacques, patron de Formentera, est célébré par des danses, des chansons et des jeux. Principale fête insulaire.
25 juillet

Août
Fête patronale de «Maria de las Nieves»
Marie de la neige (nom particulièrement insolite à Ibiza) est la patronne de la cathédrale d'Ibiza, et des Pityuses. Des danses, des processions et de grands feux d'artifice sont organisés lors de sa fête. Le dernier jour, on commémore l'expulsion des Arabes des Pityuses.
5-8 août

Fête patronale à Sant Llorenç
10 août

Asunción
L'Assomption est surtout célébrée à Santa Eulària et à Cala Llonga.
15 août

Sant Bartomeu
Grande fête à Sant Antoni, avec concerts et pièces de théâtre pour enfants.
24 août

Fête patronale à Sant Agustí
28 août

Septembre
Fête patronale à Jesús
8 septembre

Fête patronale à Sant Mateu
21 septembre

Fête patronale à Sant Miquel
29 septembre

Octobre
Nostra Senyora del Pilar
Le jour de la fête patronale de La Mola, on célèbre, en Espagne également, la découverte de l'Amérique.
12 octobre

Fête patronale à Sant Rafel
24 octobre

Novembre
Fête patronale à Sant Carles
4 novembre

Fête patronale à Sant Gertrudis
16 novembre

Décembre
Fête patronale à Sant Francesc
3 décembre (Formentera)

Immaculée Conception
8 décembre

Noël
Célébré sans sapin, mais autour d'un grand repas. Les enfants ne reçoivent que de petits cadeaux.

Saint-Sylvestre
Quelques établissements, fermés en hiver, ouvrent ce jour-là. Ils proposent des menus spéciaux pour l'occasion. Au «Fonda Pepe», les hôtes reçoivent les «uvas de suerte», douze grappes de raisin. Les cloches annoncent, ensuite, le nouvel an.

Les jeunes filles ont l'honneur de porter la madone, lors de nombreuses fêtes catholiques (photo à la page suivante).

Certains noms de ville donnent des ailes à l'imagination. Ibiza en fait, sans conteste, partie. La ville a porté, au cours de son histoire, une demi-douzaine de noms.

Ville d'Ibiza (Eivissa)

34 000 habitants ■ D 4

Voir plan de la ville, p. 44

La ville vous fera la meilleure impression si vous l'abordez, comme les étrangers avaient l'habitude de le faire depuis des millénaires, par la mer. La colline de la ville ressemble à une pyramide avec ses maisons encastrées de couleur blanche et ocre, ses puissants remparts à mi-hauteur et sa cathédrale s'élevant à son sommet. Le ciel bleu en toile de fond, à l'avant-plan l'eau du port d'un bleu un peu moins pur et des bateaux de pêche, d'excursion et de plaisance. C'est un spectacle absolument pittoresque et, de surcroît, le plus célèbre de la Méditerranée.

Par contre, si vous y arrivez par la terre, vous en aurez, dans un premier temps, une impression complètement différente. La route d'accès depuis l'aéroport traverse, en effet, une région industrielle et aboutit dans la Ville Neuve. Des restes de jardins d'amandiers, des oliviers isolés et l'une ou l'autre "finca" au bord de la plage vous donneront une idée de la ville d'autrefois. Autrefois, c'est-à-dire jusqu'au milieu des années soixante. La population a, depuis, plus que doublé. Des quelque 84 000 habitants d'Ibiza, pratiquement la moitié vivent dans la métropole. «L'eixample», extension d'Ibiza, est constituée d'aussi peu d'œuvres architecturales admirables que dans d'autres villes qui se sont développées bien trop rapidement. Ce qui étonne, c'est plutôt le mélange coloré produit par les nouvelles constructions et les ateliers, les habitations et les boutiques. Vive Ibiza! Le nouveau venu doit se réjouir de ce que cette ville, qui a porté tant de noms et s'appelle depuis 1991 en bon catalan, «**Eivissa**», a pu faire face à toutes les transformations. Il sera, cependant, vraiment réconcilié avec elle, lorsqu'il aura vu son irremplaçable Vieille Ville. Elle se compose de deux parties: la Ville Haute ou **Dalt Vila** et la Ville Basse, avec son ancien quartier de pêcheurs, **Sa Penya** et son ancien quartier portuaire **La Marina**. Les monuments d'intérêt historique sont situés dans la Ville Haute.

Depuis le port de la métropole insulaire, vous aurez une merveilleuse vue sur la Vieille Ville et sa cathédrale. Ibiza, si «jeune» à de nombreux points de vue, fait pourtant partie des plus anciennes villes d'Europe (photo à la page suivante).

TROPICAL

Hôtels et logements

El Corsario d 2
Établissement romantique avec vue. Errol Flynn, qui incarna un pirate à l'écran, eut d'ailleurs déjà l'occasion de l'admirer. Des améliorations techniques ont été apportées à l'hôtel. Il a été repris par un nouveau propriétaire. Vous y profiterez d'une ambiance rustique.
Dalt Vila, C/. Ponent 5
Tél. 9 71/30 12 48, Fax 9 71/39 19 53
14 chambres
Ouvert toute l'année (sauf de mi-déc. à mi-janv.)
Classe de prix moyenne (DC, EC, Visa)

Europa Púnico a 2
Hôtel familier de la Ville Neuve, où, chose rare, les chiens sont acceptés!
Calle Aragón 28
Tél. et fax 9 71/30 34 28
28 chambres
Ouvert toute l'année
Classe de prix inférieure à moyenne (AE, DC, EC, Visa)

Hostal Marina e 1
Hôtel simple, situé à proximité directe du port. Il est la propriété de la famille depuis plus d'un quart de siècle.
Calle Barcelona 7
Tél. 9 71/31 01 72, Fax 9 71/31 55 08
25 chambres
Ouvert toute l'année (sauf en nov.)
Classe de prix inférieure (DC, EC, Visa)

Hostal Parque c 2
L'établissement est situé au bout d'une rue calme, parallèle au «Passeig de Vara de Rey».
Miquel Caietà Soler
Tél. 9 71/30 13 58
29 chambres
Ouvert toute l'année (sauf en déc.)
Classe de prix inférieure

Los Molinos a 3
Hôtel quatre étoiles, situé sur la montagne du moulin et doté d'une terrasse et d'une piscine.
Puig des Molins
Calle Ramon Muntaner 60
Tél. 9 71/30 22 50, Fax 9 71/30 25 04

Quiconque descend à l'hôtel El Corsario n'aura pas seulement un toit, mais également de quoi s'émerveiller.

147 chambres
Ouvert toute l'année
Classe de prix élevée (AE, DC, EC, Visa)

Montesol ■ c 1
Construit dans les années trente, il jouit d'une longue tradition, mais de peu de tranquillité en été.
Passeig de Vara de Rey 2
Tél. 9 71/31 01 61, Fax 9 71/31 06 02
55 chambres
Ouvert toute l'année
Classe de prix moyenne (EC, Visa)

El Palacio ■ d 2
Des cinéastes suisses transformèrent une maison seigneuriale de la Ville Haute en un «hôtel cinématographique». Les chambres, dédiées à des vedettes d'Hollywood, y sont décorées de photos et de souvenirs authentiques. Le «penthouse», complètement peint en rose, est nommée «Marilyn Monroe».
Dalt Vila, calle de la Conquesta 2
Tél. 9 71/30 14 78, Fax 9 71/39 15 81
7 chambres
Ouvert d'avril à fin oct.
Classe de luxe (AE, DC, EC, Visa)

Royal Plaza ■ a 1
Hôtel quatre étoiles moderne, situé au centre de la ville.
Calle Pere Francès 27
Tél. 9 71/31 00 00, Fax 9 71/31 40 95
117 chambres
Ouvert toute l'année
Classe de prix élevée (AE, DC, EC, Visa)

Promenade

Commencez votre promenade à l'endroit où bat le cœur d'Ibiza, à savoir le passage «**Passeig de Vara de Rey**» et, de préférence, après avoir pris un café à la terrasse du «Montesol». Vous vous trouvez, alors, à quelques pas seulement du monument dédié au héros de guerre d'Ibiza Joaquin Vara de Rey y Rubio. En 1898, il défendit héroïquement la colonie espagnole de Cuba contre les Américains. Les maisons bourgeoises à belles fenêtres de guet, appelées

La porte menant au pittoresque Arsenal de la Dalt Vila est flanquée de deux statues romaines représentant un guerrier et la déesse Junon.

«miradors», sont toutes proches également. À droite au coin de la rue, vous trouverez le théâtre «**Teatro Pereira**» qui date d'un siècle. Il a, certes, interrompu les représentations théâtrales, mais, le soir, il accueille de bons groupes musicaux. Là, dans la «calle Conde Rosselló», tournez à gauche et suivez la «calle Annibal», jusqu'à l'ancienne place du marché à colonnes et échoppes de légumes. L'église **Sant Elm**, une ancienne chapelle de pêcheurs rénovée récemment, s'élève de l'autre côté de la place du marché.
En poursuivant votre chemin dos au marché, vous arrivez à **Dalt Vila**. Pour vous rendre à l'Arsenal, vous devez passer l'ancien pont-levis et la porte «**Portal de ses Taules**», flanquée de deux statues romaines décapitées. Des artisans y ont installé leur stand. Après les murs sombres et tortueux, il est surprenant de voir la clarté de la place «**Plaça de Vila**».
Entrez ensuite dans l'avenue «Sa Carrossa». En passant devant le coquet hôtel **La Ventana** et la statue de bronze de l'historien d'Ibiza Isidor Macabich, vous arrivez à l'église baroque «**Esglésias Santo Domingo**» à dômes rouges. Son couvent, fondé au XVIe siècle, a été transformé en 1986. Des expositions de peintures et des concerts sont, aujourd'hui, organisés dans son cloître. Le conseil municipal se réunit, quant à lui, dans son ancien réfectoire. Vous pouvez admirer une des plus belles maisons de la Vieille Ville, face à l'entrée de l'Hôtel de Ville, sur la place «Plaça d'Espanya». Elle a été fraîchement repeinte et des palmiers sont plantés à sa porte.
Passez devant cet ancien palais de pirates, poursuivez un bout de chemin en traversant la «calle Pere Tur» et une petite rue à escalier et vous arrivez, alors, à la «calle Santa Maria». Cette ruelle, parsemée d'oliviers et de jasmins, vous conduit à la place de la cathédrale «**Maria de las Nieves**» et à l'ancien musée archéologique créé en 1907.
Derrière la cathédrale, vous pouvez voir le castel, que l'on appelle également «**Almudaina**», parce qu'il fut érigé à l'époque des Maures. Cependant, sa tour principale et ses murs datent de la période s'étendant du Moyen Âge au XVIIIe siècle. On ne sait pas encore ce qu'il adviendra du castel qui fit, en dernier lieu, office de caserne. Il est parfois question d'en faire un musée et parfois un «parador». Quelques transformations ont déjà eu lieu, mais les façades abîmées dominent encore.
Avant de faire demi-tour, en sortant de la «Plaça Almudaina», entrez dans le bastion «**Baluard de Sant Bernat**». Sa tour angulaire offre une vue panoramique splendide: au sud, la mer et Formentera, à l'ouest, les trois moulins à vent sans ailes de Puig des Molins. Conquis, les yeux se promènent sur les champs de sel et, plutôt critiques, sur les forteresses de vacances de Figueretes. Pour le retour, suivez la «calle Major».
Des boutiques et des magasins de souvenirs se sont installés dans les belles maisons de maître, habitées autrefois par des aristocrates, de riches marchands et des corsaires. Plus loin descendez par la petite rue «Sant Cirjac» jusqu'à une petite chapelle dédiée au saint parce que le jour de sa fête, le 8 août 1235, les troupes chrétiennes réussirent leur conquête du territoire. Au bout de la petite rue, à main gauche, vous pouvez voir le «**Convent de Sant Cristòfol**». À droite, au coin, empruntez la «calle Joan Roman» qui mène à deux hôtels municipaux. Suivez la route jusqu'à son extrémité, vous arrivez alors à l' «**El Corsario**». Si, par contre, vous empruntez la petite rue à escalier «calle de la Conquesta», vous

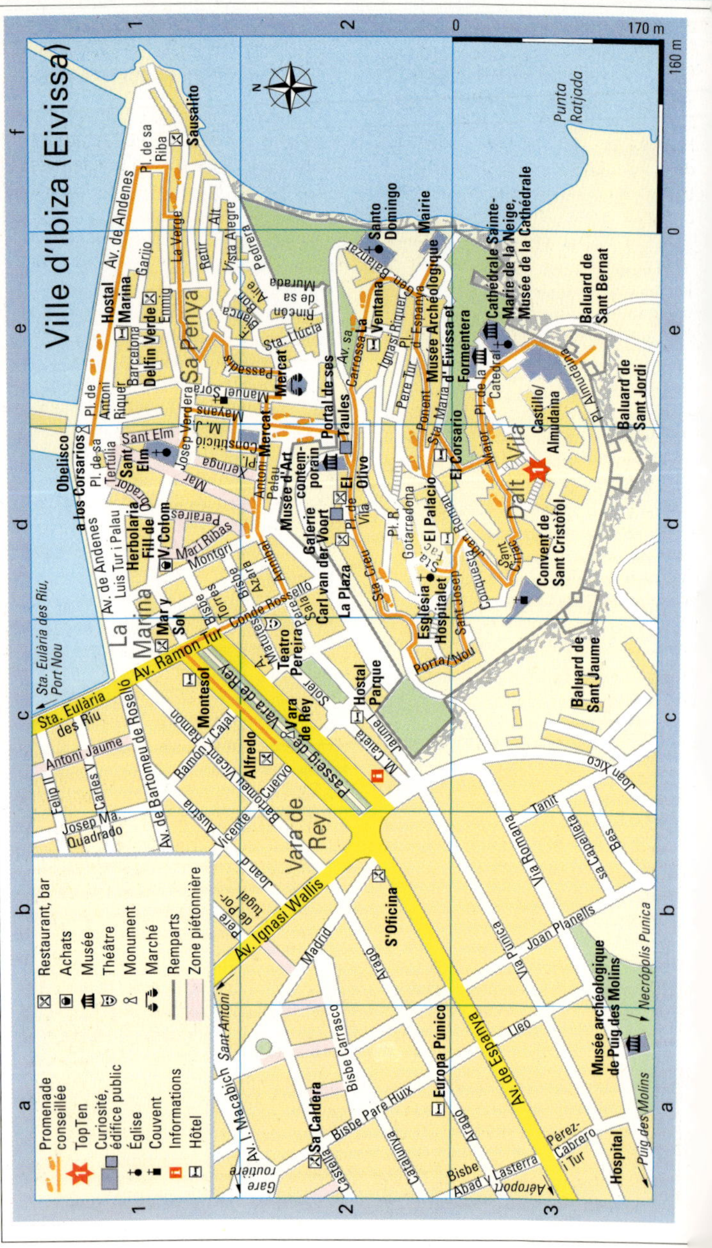
Ville d'Ibiza (Eivissa)
Promenade conseillée
TopTen
Curiosité, édifice public
Église
Couvent
Informations
Hôtel
Restaurant, bar
Achats
Musée
Théâtre
Monument
Marché
Remparts
Zone piétonnière
Sa Penya
La Marina
Dalt Vila
Vara de Rey
Punta Ratjada
Cathédrale Sainte-Marie de la Neige, Musée de la Cathédrale
Castillo/Almudaina
Musée Archéologique d'Eivissa et Formentera
Musée d'Art contemporain
Galerie Carl van der Voort
Convent de Sant Cristòfol
Baluard de Sant Bernat
Baluard de Sant Jordi
Baluard de Sant Jaume
Musée archéologique de Puig des Molins
Mairie
Santo Domingo
Mercat
Obelisco a los Corsarios
Av. de Espanya
Av. Ignasi Wallis
Passeig de Vara de Rey
170 m
160 m

arriverez rapidement à l'hôtel **El Palacio**.
Encore quelques marches et vous vous trouvez dans la «calle de la Santa Fac», face à l'église «**Església Hospitalet**», une des plus anciennes de la ville. En suivant le très vieux trottoir de la «calle Sant Josep», vous arrivez à la «calle des Portal Nou». Jetez un coup d'œil dans la boutique «Michelangelo's». Le linge suspendu, les enfants et les canaris montrent que la vie suit son cours ici. En longeant les remparts et en traversant la «calle de la Sta. Creu», rejoignez la «Plaça de Vila». Vous y verrez une pierre affûtée. Les citoyens de Dalt Vila s'y retrouvaient autrefois. Les passionnés d'art apprécieront le **musée d'Art contemporain** dans l'enceinte des remparts, et profiteront de la vue merveilleuse sur Sa Penya.
Après le **pont-levis**, tournez à droite. Vous arrivez alors directement dans un quartier qui, avec ses petites rues tortueuses, les murs blanchis à la chaux et les lumières colorées des bars et des cafés, produit un effet absolument romantique le soir. En journée, les rayons du soleil montrent qu'il est grand temps de procéder à des travaux d'entretien. Une des ruelles les plus remarquables est la «**calle de la Verge**» où se cache la boutique «Paula's». Un peu plus loin et après être descendu deux escaliers, vous vous trouvez face au restaurant Delfin Verde. Il est doté d'une terrasse qui donne sur le port et d'un studio à l'étage.
L'avenue «**Avinguda de Andenes**», en langage populaire le «champ de course», se trouve maintenant devant vous. Elle porte ce nom parce que l'on y organise des courses. Le monument aux corsaires constitue la frontière entre Sa Penya et La Marina. À droite comme à gauche, des bars s'appuient sur des boutiques, des commerces sur des restaurants. Nous ne citerons que le restaurant Sausalito, à l'extrémité est, et le café Mar y Sol à l'extrémité ouest du port, parmi les noms d'établissements qui ne cessent de changer.
Durée: une demi-journée
Carte: p. 44

Élégants ou romantiques, distingués ou désinvoltes, les fans de mode trouveront certainement des vêtements à leur goût à la boutique «Paula's».

Curiosités

Cathédrale Santa Maria de las Nieves ■ e 3

La cathédrale d'Ibiza s'élève à un endroit stratégique. Les Carthaginois et les Romains, déjà, avaient érigé leurs temples sur la colline fortifiée. Une basilique chrétienne s'y trouva quelque temps et une mosquée arabe pendant de nombreux siècles. Peu après la victoire sur les Arabes, les conquérants chrétiens commencèrent la construction de cet édifice. Il ne fut achevé qu'en 1592, c'est-à-dire à peu près 3 siècles plus tard.
En raison des nombreuses transformations qu'elle subit, seul le clocher et quelques détails permettent de reconnaître la construction de base de style baroque. En 1782, l'évêque d'Ibiza et de Formentera établit son palais «Palau Episcopal» dans la Ville Haute, à côté du castel. L'église devint, dès lors, cathédrale. Elle est consacrée à Marie de la Neige (Maria de las Nieves), parce que le jour de sa fête, le 5 août, est le plus proche du 8 août, qui correspond au jour de la conquête du territoire par les Chrétiens.

Obélisque aux corsaires (Obelisco a los Corsarios) ■ d 1

L'obélisque est dédié aux corsaires d'Ibiza et, principalement, à leur chef Antoni Riquer. Il détourna de nombreux bateaux pirates. Il réussit sa meilleure prise en 1806, lorsqu'il prit à l'abordage le deux-mâts anglais «Felicity» à proximité du port, sous les applaudissements des habitants d'Ibiza.

Portal de ses Taules ■ d 2

Une plaque de pierre, sur laquelle sont gravées les armoiries et une épigraphe, rappelle que les fortifications furent achevées en 1585, sous le règne de Philippe II. Elle est située au-

L'énorme monument au marin anonyme d'Ibiza

dessus de l'entrée principale de la Ville Haute. C'est l'Empereur Charles Quint (sous le nom de Charles Ier, Roi d'Espagne) qui la commanda, 31 ans plus tôt. La ville subissait, en effet, régulièrement les attaques des pirates maures et principalement turcs. Les nouveaux murs de fortification donnèrent à la physionomie d'Ibiza ces traits très caractéristiques qui marquent, aujourd'hui encore, les visiteurs.
L'architecte italien Calvi réussit ce coup de maître architectural. Il parvint à créer avec les moyens du bord – à savoir la colline, ainsi que les bastions laissés par les Carthaginois, les Romains et les Arabes – un ensemble à la fois utile et beau. Et à ce point utile que les pirates n'importunèrent désormais plus les habitants de la ville. Si bien, surtout, que les visiteurs peuvent, actuellement encore, admirer les remparts bien conservés.

Les villages d'Ibiza, faciles à prendre, furent malheureusement, ensuite, la proie des pirates.

Musées et galeries

Galeria Carl van der Voort ■ d 2
Principale galerie d'Ibiza, tableaux, sculptures et bijoux.
Dalt Vila, Plaça de Vila 13
Ouverte lu-ve

Musée archéologique d'Eivissa et de Formentera ■ e 3
Objets de fouilles de la Préhistoire et objets de culte religieux des époques punique, romaine et arabe. Dans la Ville Haute à côté de la cathédrale.
Ouvert tous les jours sauf lu et fériés

Musée archéologique del Puig des Molins ■ a 3
Le musée est actuellement transformé. Il n'est, dès lors, possible en ce moment que de visiter le terrain de fouilles de la colline du moulin. Après les transformations, prévues jusqu'à fin 1998, vous pourrez à nouveau admirer la collection punique la plus précieuse au monde. Elle se compose de bijoux, de pièces, de statues en terre cuite et de nombreux portraits de la déesse carthaginoise Tanit.
Puig des Molins, Via Romana 31
Ouvert tous les jours sauf le lu

Musée d'Art contemporain ■ d 2
Il propose des œuvres de peintres d'Ibiza et étrangers.
Dalt Vila, Ronda Narcis Puget (au-dessus de la porte «Portal de ses Taules»).
Fermé le di

Musée de la cathédrale ■ e 3
Les trésors et les tableaux ecclésiastiques sont présentés dans la sacristie de la cathédrale.
Dalt Vila
Ouvert tous les jours sauf le sa après-midi

Restaurants

Alfredo ■ c 2
De grands miroirs et d'anciennes photographies décorent les murs de cet établissement fondé il y a 60 ans. Vous ne trouverez nulle part ailleurs de meilleures spécialités d'Ibiza telles que le «borrida de rajada», un ragoût de raie à la sauce aux amandes. Vous y rencontrerez des autochtones comme des touristes.
Ouvert toute l'année
Passeig de Vara de Rey, 16
Tél. et fax 9 71/31 12 74
Ouvert tous les jours
Classe de prix moyenne

La déesse carthaginoise Tanit est la «vedette» du musée archéologique Puig des Molins: vous pourrez même l'y admirer en plusieurs exemplaires.

Sa Caldera ■ a 2
Restaurant de poisson, situé dans le centre de la Ville Neuve. Le plat de poissons variés grillés est particulièrement recommandé.
Bisbe Pare Huix 19
Tél. 9 71/30 64 16
Ouvert tous les jours
Le sa, uniquement le soir
Classe de prix moyenne (AE, DC, EC, Visa)

Delfin Verde ■ e 1
Établissement avec vue sur le port, jouissant d'une longue tradition. La cuisine méditerranéenne y est à l'honneur.
Ouvert toute l'année
Calle Garijo 2
Tél. 9 71/31 02 15
Ouvert tous les jours
Le di, uniquement le soir
Classe de prix moyenne (DC, EC, Visa)

Mar y Sol ■ c 1
Café où il fait bon prendre le petit déjeuner. Les «ensaimadas», beignets, et les croissants y sont excellents! Installé à une table de la terrasse, vous serez au cœur de l'action. Il est situé au coin de «Ramon Tur» et de la «calle Luis Tur i Palau».
Classe de prix moyenne

S'Oficina ■ b 2
Ce sont principalement les hommes d'affaires autochtones qui s'installent dans le «bureau», comme on l'appelle. De temps à autre, des touristes se perdent également dans le petit établissement proposant une cuisine basque.
Av. Espanya 6
Tél. 9 71/30 00 16
Du lu-sa
Ouvert toute l'année (sauf de Noël à fin janvier)
Classe de prix moyenne à élevée (DC, EC, Visa)

El Olivo ■ d 2
Le propriétaire est bordelais, on y sert, dès lors, des plats français. La «charlotte au chocolat» est particulièrement recommandée en dessert. Réservation impérative!
Dalt Vila, Plaça de Vila
Tél. 9 71/30 06 80
Ouvert tous les jours
Classe de prix moyenne à élevée

La Plaza ■ d 2
La cuisine est à l'image du propriétaire. Elle est simple, bonne et fraîche. Les ingrédients et la préparation sont franco-allemands. C'est tout simplement bon!
Dalt Vila, Plaça de Vila
Tél. 9 71/30 76 17
Ouvert tous les jours
Classe de prix moyenne (EC, Visa)

Sausalito ■ f 1
On s'y rend toujours volontiers depuis 20 ans. La clientèle est internationale, tout comme la cuisine. Il est situé à l'extrémité de l'ancien port.
Plaça de sa Riba 6
Tél. 9 71/31 01 66
Ouvert tous les jours d'avril à oct.

Achats

Conclusion ■ d 1/d 2
Mode de loisirs, de qualité supérieure, pour «elle» et «lui».
Calle Bisbe Azara 4

Elena Deudero ■ a 1/a 2
Vêtements extravagants et chers, confectionnés à partir de tissus et de cuirs à la mode.
Av. Isidor Macabich 17

Dora Herbst ■ c 1
La créatrice de mode a installé sa boutique dans le port de plaisance.
Marina Botafoch

Graffiti ■ d 2
Vêtements de plage et de soirée destinés aux jeunes.
Calle Conde Rosselló 14

Librería Vara de Rey ■ c 2
Journaux et périodiques étrangers et nombreux livres traitant de l'île.
Passeig de Vara de Rey 22

Paula's ■ e 1/f 1
Mode d'Armin Heinemann de styles romantique et élégant, avec chapeau adapté également.
Calle de la Verge 4

Sandal Shop ■ d 2
Chaussures, sandales fabriquées à la main et des ouvrages en cuir de qualité.
Dalt Vila, Plaça de Vila 2

Totibiza ■ d 1
Authentiques «alpargatas» en chanvre, poteries et objets en verre.
Calle del Mar 23

Le soir

La vie nocturne d'Ibiza a déjà fait parler d'elle en première page. Le jeu, qui consistait à savoir qui était avec qui, quand et où - aussi emmêlé que les petites rues de la Vieille Ville - reprenait chaque soir. Dans les bars, les personnalités côtoyaient les petites gens. Chacun était, pour un soir, ce qu'il souhaitait être, lorsqu'il entrait dans le temple de la danse. Les videurs étaient plus sévères que la garde civile et la clé personnelle de l'entrée des V.I.P. à la «KU», la plus grande discothèque d'Ibiza, faisait plus d'effet qu'un yacht de 20 mètres. Des spectacles de travestis, des jeunes filles sans dessus ou dessous, la devise était «Ce qui plaît est permis». La discothèque «Pacha» lança les «fiestas blancas». Quiconque n'y apparaissait pas en blanc était arrosé de peinture blanche. Une concurrence entre les discothèques s'ensuivit. Un sujet de fête chassa l'autre, des concours de beauté d'autres concours. Il en est, aujourd'hui encore, ainsi. Mais l'éclat passé, cette «merveilleuse» mauvaise réputation dont la vie nocturne d'Ibiza

STOP-MERIAN

Herboristerie Fill de V. Colom Vous trouverez les herbes de l'île dans cette minuscule boutique démodée. Elle ne peut contenir que deux clients à la fois. Du thym, du romarin, des feuilles de laurier et de la citronnelle en bouquet ou les graines douces-amères du fenouil sauvage, toutes ces plantes qui servent à parfumer, à épicer ou à guérir, vous pourrez les y acheter. Le safran, un ingrédient de choix dans les mets d'Ibiza et indispensable pour les soupes de poisson, y est également moins cher qu'au pays. Calle sa Creu 23 ■ d 1

jouissait jadis, a souffert. Mais Ibiza reste un endroit idéal pour les amateurs de danse et ceux qui souhaitent s'amuser, un aérodrome pour les oiseaux de paradis et les oiseaux de nuit. Les discothèques ne s'animent, vraiment, qu'à partir de 2 ou 3 heures du matin. Par contre, l'ambiance se poursuit jusqu'à l'aube, principalement avec de la techno. Le prix de l'entrée n'est généralement pas très élevé, avec carte d'invitation (flyer) vous paierez moins cher. Chaque soir, une nouvelle fête s'annonce.

Amnesia ■ D 4
Située dans une «finca» transformée. Terminus du tour nocturne des discothèques. La soirée s'y termine, de temps à autre, dans les flocons de trois canons à mousse.
Sur la route nationale d'Ibiza à Sant Antoni, au kilomètre 6.

Casino ■ c 1
Des roulettes et des tables de black jack sont prêtes à accueillir les chanceux. Si vous en avez assez du jeu, mais que vous ne souhaitez pas rentrer tout de suite, le piano-bar vous attend.
Il est situé dans le nouveau port, Passeig Marítim
Ouvert tous les jours

El Divino ■ c 1
Mélange de discothèque, de restaurant et de bar. Rendez-vous de la fin de la saison pour les personnalités et ceux qui souhaitent les voir. Elle est située dans le nouveau port.
Restaurant et discothèque ouverts tous les jours

Glory's ■ D 4
Discothèque des folles années soixante au passé mouvementé. On y passe de la «música en vivo», musique live.
Située sur la route nationale d'Ibiza à Sant Antoni, au kilomètre 3
Ouverte de façon irrégulière. Tenez donc à l'œil les affiches qui annoncent les concerts!

Vie nocturne pratiquement 24 heures sur 24. La «flexibilité» règne sur la promenade d'Ibiza. Vous trouverez toujours quelqu'un dans n'importe quel bar ou discothèque, même à 2 heures de l'après-midi.

Incognito ■ e 2
Bar pour hommes, qui est également qualifié de «gay» dans le langage familier espagnol.
Calle Santa Llúcia 47
Ouvert tous les jours

Indiana Café ■ D 3
Rendez-vous des cow-boys et des jeunes filles qui souhaitent manger et danser avant que les discothèques ne s'animent. Situé sur la route nationale d'Ibiza à Sant Antoni, près de Sant Rafel.
Ouvert tous les jours

Pacha ■ c 1
À peine croyable, mais ce temple de la danse était, autrefois, également une «finca». Public fidèle – certains se souviennent encore des célèbres «fêtes blanches». Insulaires et touristes s'y mélangent merveilleusement. Elle est située dans le nouveau port, Passeig Marítim

Privilege (Ex-KU) ■ D 4
Il s'agit de la plus grande et de la plus célèbre discothèque d'Ibiza. Elle peut accueillir jusqu'à 3 000 personnes. Une nouvelle «fiesta» y est organisée tous les jours, mais, à la longue, le porte-monnaie en souffre.
Située sur la route nationale d'Ibiza à Sant Antoni, au kilomètre 7

Space ■ D 5
Discothèque moderne, située en dehors d'Ibiza, où l'on passe de la musique moderne et de la techno. Les baffles y bourdonnent quand les autres discothèques ferment. Elle ne ferme ses portes que lorsque le bruit des moteurs de l'aéroport, situé à proximité, se fait à nouveau entendre.
Platja d'en Bossa
Ouverte tous les jours

Teatro Pereira ■ d 2
Toute la nuit, vous pourrez y apprécier du jazz en direct et y manger, mais jusqu'à une certaine heure seulement. L'entrée est gratuite, mais les boissons coûtent relativement cher.
Calle Conde Roselló 5
Café et restaurant ouverts tous les jours

Zoo ■ e 1
Le bar est situé au milieu de la promenade. On s'y rend avant de sortir le soir. Il s'agit, comme au zoo, de voir et de se faire voir. Les boissons y sont également «horriblement» chères.
Plaça de Antoni Riquer
Ouvert tous les jours

Services

Renseignements

Informations touristiques ■ c 2
Passeig de Vara de Rey 13
Tél. 9 71/30 19 00, Fax 9 71/30 15 62
Bureau ouvert lu-sa

Gare autoroutière ■ a 1
Lignes pour Sant Antoni, Santa Eulària, Sant Miquel, Sant Joan, Sant Josep, Sant Rafel, Portinatx et Sant Vicent. Av. Isidor Macabich 24

Aéroport ■ C 5
Es Codolar, près des salines

Soins médicaux
Urgences (service fonctionnant 24 h./24): Tél. 908/63 18 58
Hôpital Can Misses (public)
Tél. 9 71/39 70 00

Appel urgent
Numéro général pour la police, l'ambulance et les pompiers: 112

Taxis
Poste de Vara de Rey ■ c 2
Tél. 9 71/30 17 94
Radio-taxi
Tél. 9 71/30 70 00 et 9 71/30 66 02

Buts d'excursion

Sa Caleta

■ C 5

Ce n'est pas la ville d'Ibiza, l'ancien «ibosim», mais un village situé dans la baie des pêcheurs qui aurait accueilli la première colonie punique sur le sol d'Ibiza. C'est la conclusion à laquelle sont arrivés les archéologues qui ont fait des fouilles dans cette partie d'Ibiza. Ils y ont découvert des murs d'habitation, mais également des vestiges d'installations dans lesquelles des minerais de fer et du plomb auraient été coulés. Les objets découverts renvoient à l'an 700 avant J.-C. D'après ces estimations, cette colonie existait un demi-siècle avant la fondation d'Ibiza (654 av. J.-C.).
Caleta est faite d'écueils rouges, d'abris de bateaux et d'une baie de baignade. Si vous vous intéressez à l'histoire primitive d'Ibiza, adressez-vous au:
Conselleria de Cultura
Calle Conde Rosselló 3
Tél. 9 71/39 02 84
À quelque 10 kilomètres au sud-ouest d'Ibiza, accessible par la nationale vers Sant Jordi de ses Salines

Sa Canal

■ C 6

Des bateaux ont accosté dans le port de sel, à l'extrémité sud de l'île, depuis l'époque phénicienne. Le visiteur pourra à de très rares occasions assister à la manière dont le sel arrive dans les cales, par toboggan. Mais, l'endroit est beau et prouve que la Vieille Ville vit encore, dans les environs directs de la capitale animée. Jetez un coup d'œil dans le très vieux bar de **Sa Canal**, il vous propose des rafraîchissements, des amandes «à croquer» et une vue sur la mer. Si cela ne vous suffit pas, vous pouvez encore faire une petite promenade le long de la baie des salines, jusqu'à la Torre de ses Portes.
Située à quelque 10 kilomètres au sud de la ville d'Ibiza, suivez jusqu'au bout la nationale qui traverse les salines.

Seules les méthodes ont changé. Les Phéniciens et les Romains extrayaient en effet déjà du sel des salines. Ne ratez pas les équipements de chargement de Sa Canal.

aula de Déu

Cova Santa ■ C 5

De nombreuses grottes sont nichées dans les roches calcaires de l'île. Celle-ci est accessible et éclairée. Un escalier mène, à 25 mètres de profondeur, vers des stalactites et des stalagmites. Elles se sont développées au cours des millénaires. Les concrétions calcaires portent des noms tels que «Patte d'éléphant», «Tour de Pise» et «la Vierge et son enfant». On l'appelle la «grotte sainte» parce que des moines, dont le légendaire père Palau, y auraient prié. Elle est, en tout cas, fraîche. Même en été, la température n'y excède pas 18 °C.
La visite guidée dure environ une demi-heure.
Elle est située à quelque 10 kilomètres de la nationale à destination de Sant Josep. Un panneau indique le chemin, bifurquant à gauche, qu'il convient de prendre.
Ouverte tous les jours (l'après-midi, s'adresser à la maison d'à côté)

Jesús ■ D 4

La localité a peu de choses à offrir en dehors de son église fortifiée. Cependant, la simple église, érigée en 1549, renferme derrière ses murs le retable le plus précieux des Pityuses. L'œuvre gothique est attribuée au peintre de Valencia Juan Rodrigo de Osona. Sur sept panneaux, elle représente des scènes de la vie de la Vierge et des apôtres.
Située à quelque 4 kilomètres au nord-est de la ville d'Ibiza.

Sant Rafel de Forca ■ D 3

Depuis qu'existe la nouvelle route de jonction pour Sant Antoni, il est aisé d'éviter Sant Rafel. Cependant, un petit tour vaut la peine. Un groupe d'artistes qui fabrique des objets en céramique s'est installé dans la localité. Des panneaux indiquent les ateliers, où vous pourrez voir les maîtres à l'œuvre. Ils s'inspirent également de modèles puniques et romains. Depuis la colline de l'église, vous aurez une vue merveilleuse sur la plaine basse, également appelée «Pla de Vila», et sur la ville d'Ibiza.
Située à quelque 7 kilomètres de la ville d'Ibiza

Ses Salines ■ C 5

Les salines d'Ibiza et de Formentera forment un paysage unique en Méditerranée. Il est constitué de dunes, de forêts de pins et de plages. Les Phéniciens, déjà, ont installé les premiers bassins à sel. Les Romains et les Arabes les ont développés. La méthode d'exploitation du sel n'a pas changé. L'eau de mer est dirigée vers les bassins, le soleil se charge du reste. Après plusieurs évaporations, une épaisse couche apparaît. En automne, elle est enlevée par des dragues et entassée sur des collines scintillantes.
Situées à 8 kilomètres de la ville d'Ibiza. Accès par **Sant Jordi de ses Salines**
Seule l'église fortifiée, dotée d'un petit clocher et d'un porche à triples arcades, vaut le détour dans cette localité à l'architecture de mauvais goût. De Sant Jordi, faire 3 kilomètres jusqu'à **Sant Francesc de ses Salines**, localité constituée de quelques maisons et d'une belle petite église seulement. De cet endroit, vous devriez poursuivre à pied.

Un trésor de l'époque gothique: le merveilleux retable de l'église fortifiée de Jésús, qui remonte au XVIe siècle, a survécu à la guerre civile de courte durée mais violente. Presque toutes les églises d'Ibiza ont, alors, été détruites *(photo, p. 53).*

Sant Antoni de Portmany est, aujourd'hui, tout autre chose qu'un village de pêcheurs paisible. Cependant, l'arrière-pays offre quelques délices touristiques.

Sant Antoni ■ B 3

15 000 habitants
Voir plan de la ville, p. 60

Sant Antoni, la seconde ville de l'île, n'a jamais eu, même de loin, l'importance d'Ibiza. La grande baie portuaire, appelée «Portus magnus» par les Romains, n'offre pas aux bateaux la sécurité nécessaire. En outre, l'endroit, ne s'élevant qu'à quelques mètres, ne se prêtait pas très bien à la fortification. La ville ne connut pas non plus d'essor sous le règne des Arabes, qui y érigèrent une mosquée. Elle était calme et modeste et vivait de la pêche. Les choses ne changèrent qu'à partir du moment où, dans les années soixante, les édiles eurent l'idée de faire du tourisme son second point d'appui. C'est comme s'ils lui en avaient procuré mille. De la localité de pêche endormie naquit, rapidement, un monstre touristique en plein éveil. Les nombreux vacanciers – principalement de jeunes Scandinaves, Anglais et Allemands – qui souhaitaient s'amuser à bon marché, veillèrent à cette métamorphose. Le philosophe et critique d'art Walter Benjamin vécut quelques mois à Sant Antoni, en 1932. Dans une lettre, il décrit le paysage qui l'entoure comme «le paysage le plus intact que j'aie jamais vu». Plus de cent hôtels et complexes à appartements se dressent, aujourd'hui, vers le ciel. La plupart d'entre eux sont situés au sud de la «badia» de Sant Antoni.
Dans la partie nord de la baie, dans ce qu'il reste du noyau urbain, les bars sont collés les uns aux autres ainsi que les boutiques de souvenirs et les bureaux de change. Cette masse étouffa les quelques

L'église paroissiale de Sant Antoni, église fortifiée, date du XIVe siècle. Elle s'élève au sommet d'une petite colline, au centre de la localité. La population s'y réfugiait pour échapper aux attaques de brigands.

belles maisons des autochtones et les villas de quelques personnes âgées anglaises, qui s'y rendirent en pionniers et installèrent leur pension à Sherry. Même l'église paroissiale aux murs massifs est à peine visible dans cet endroit, où la distance nécessaire entre les maisons voisines manque.

Savoir-vivre à Portmany

Le coucher de soleil est pittoresque à l'ouest de la large baie, derrière l'île située à l'avant-plan. Les rochers du Cap Negret ont un éclat rouge-or et le phare de l'île «Illa Conillera» commence à faire des signaux. C'est grandiose! Malheureusement, ce n'est pas ce spectacle qui a empreint Sant Antoni, mais celui de vacanciers ivres et querelleurs. La ville tente de redorer son blason depuis plusieurs années. Dès lors, la police effectue plus de contrôles et les anciens hôtels doivent être modernisés.
Des transformations ont déjà eu lieu. La nouvelle promenade portuaire vous éblouira avec ses fontaines jaillissantes, ses allées fleuries, ses bancs et l'«œuf de Colomb». Face à cette sculpture, créée pour le 500e anniversaire de la découverte de l'Amérique, vous trouverez les bateaux qui font la navette entre Sant Antoni et les baies «Cala Bassa», «Cala Comte» et «Cala Tarida». La «Vila de Portmany», comme les 15 000 habitants de la commune ont l'habitude d'appeler Sant Antoni, ne possède, en effet, pas de plages. La localité vit en quelque sorte ses heures de repos entre le dernier départ des bateaux au matin et leur premier retour au début de l'après-midi. Peu après, les cafés et les bistros se remplissent et la ville commence à s'animer. Il n'y a, alors, plus que le «Monument al Pescador», à l'arrêt du bus, qui rappelle le village de pêcheurs qu'était jadis Sant Antoni.
Il n'est pas possible d'établir de comparaison avec la ville d'Ibiza. L'une a la renommée, l'autre la masse.
Il n'est pas étonnant, dès lors, que les habitants comme les visiteurs de la métropole fassent la grimace en regardant Sant Antoni. À tort! La côte vous offrira, en effet, de splendides baies et l'arrière-pays vous séduira avec ses merveilleux buts d'excursion.

La très célèbre sculpture moderne représentant «l' œuf de Colomb» orne la nouvelle promenade portuaire de Sant Antoni.

Hôtels et logements

Arenal ■ c 3
Hôtel sérieux, situé à proximité directe de la baie. Chambres spacieuses et très pratiques. Piscine climatisée et aire de jeux pour les enfants.
Av. Dr Flemming 16
Tél. 9 71/34 01 12, Fax 9 71/34 25 65
131 chambres
Classe de prix moyenne (AE, DC, EC, Visa)

Llevant ■ c 2
Hôtel bien géré rénové en 1997. Bar, restaurant et piscine
Calle Ramón y Cajal 5
Tél. 9 71/34 01 34, Fax 9 71/34 74 62
57 chambres
Classe de prix inférieure (AE, DC, EC, Visa)

Mallorca ■ b 1
Pension simple et soignée, située face au marché couvert.
Calle de Bartomeu Vicent Ramon 19
Tél. et fax 9 71/34 01 61
Ouvert mai-oct.
37 chambres
Classe de prix inférieure (AE, DC, EC, Visa)

Marco Polo ■ c 2
Hôtel trois étoiles, situé à l'entrée de la localité. Piscine et jardin.
Ouvert toute l'année
Av. Portmany s/n
Tél. 9 71/34 10 50, Fax 9 71/34 04 52
107 chambres
Classe de prix moyenne (AE, DC, EC, Visa)

Nautilus ■ c 3
Hôtel pour clients exigeants, situé dans la partie méridionale de la baie à quelque 2,5 kilomètres du centre. Vous y trouverez un bon service de bus et de lignes maritimes.
Calle de Port des Torrent
Tél. 9 71/34 04 00, Fax 9 71/34 04 62
168 chambres
Classe de prix élevée (AE, DC, EC, Visa)

Stella Maris ■ B 3
Gigantesque club, aménagé en style maure. Il est situé à l'extérieur de la ville, à proximité de la baie «Cala Grassiò». Golf miniature, une aire de jeux pour les enfants et pataugeoires.
Cala Grassiò
Tél. 9 71/34 06 00, Fax 9 71/34 27 31
295 chambres
Classe de prix élevée (AE, DC, EC, Visa)

STOP-MERIAN

Pikes «Finca» située en dehors de Sant Antoni, transformée par le globe-trotter Anthony Pike en une fastueuse auberge. Les paysans s'y retrouvaient, autrefois, pour presser les olives. Selon ses dires, l'Australien ne vend pas le «luxe traditionnel» mais la «sensation de vivre». Les bruits, qui couraient sur les folles nuits qui s'y déroulaient, n'ont pas porté atteinte à la réputation de l'hôtel-«finca». Par contre, il ne s'agit pas d'un bruit quand on dit que les enfants n'y sont pas les bienvenus. En direction de Santa Agnès, chemin «Cami de Sa Vorera» au kilomètre 12, Tél. 9 71/34 22 22, Fax 9 71/34 23 12, 24 chambres, hôtel ouvert toute l'année, le restaurant d'avril à fin septembre seulement. Classe de luxe. ■ C 2

Curiosités

Acuarium Cap Blanc a 1

Cet aquarium est, en réalité, une grotte communiquant avec la mer. Elle servait autrefois de bassin naturel aux pêcheurs. Ils y mettaient les langoustes, qu'ils avaient prises dans leurs filets. Aujourd'hui, éclairée et équipée de haut-parleurs diffusant de la musique, vous pourrez y observer les poissons des eaux locales dont des murènes et des étoiles de mer. De rares tortues de mer blessées y reprennent parfois des forces.
Situé au nord du noyau urbain, derrière la baie «Cala des Moros». Chemin balisé le long de la falaise. À quelque 20 minutes à pied.
Ouvert tous les jours, jusqu'à la tombée de la nuit

Cova de Santa Agnès c 1

Cette chapelle souterraine aurait été un lieu de prière, au début de l'ère chrétienne. L'icône de sainte Inès, Agnès en catalan, aurait alors fait l'objet d'une adoration particulière. Plus tard, lorsque la grande église de Sant Antoni fut achevée, elle y fut transférée. Selon la légende cependant, cette icône se retrouvait, de façon mystérieuse, chaque fois dans la petite chapelle.
La légendaire chapelle de la grotte tomba plus tard dans l'oubli et la ruine. Elle ne fut redécouverte qu'en 1907. Lors de fouilles, les archéologues découvrirent une grotte naturelle renfermant des objets religieux des périodes punique, romaine et islamique.
Située à 2 kilomètres du centre de la localité, sur la nationale à destination de Can Germa.
Ouverte les lu et sa

Église Sant Antoni b 2/c 2

L'église fut érigée au XIVe siècle sur la base de soubassements d'une mosquée. Plus tard, en raison des attaques de pirates, elle fut transformée en une forteresse équipée de canons. Aujourd'hui encore, les autochtones s'y réfugient. Ils s'asseyent dans l'église ombragée, afin de fuir la chaleur du soleil et le tumulte de la ville.

Restaurants

Bodega de los Gatos b 2

Pages de calendrier jaunies aux murs, tables vacillantes, pièce minuscule, petits verres à vin et prix peu élevés sont les caractéristiques de l'établissement.
Calle del Progrés 24
Classe de prix inférieure

Sa Capella c 1

Il ne s'agit pas seulement d'un bon restaurant, mais également d'une des curiosités de l'île. Comme les paysans de Santa Agnès et les pêcheurs de Sant Antoni ne pouvaient se décider sur l'endroit où il fallait construire une nouvelle église, cette chapelle ne fut jamais achevée. En 1978, Pep Costa prit en charge les ruines et les transforma en un restaurant à cuisines hispanique et d'Ibiza. Les serveurs y font le service en costume populaire.
Nationale à destination de Can Germa, au kilomètre 0,5.
Tél. 9 71/34 00 57
Ouvert tous les jours avril-fin oct.
Classe de prix élevée (EC, Visa)

Club Nautico b 3

À l'odeur du «café con leche», café au lait, le port de plaisance s'anime.
Passeig de la Mar
Tél. 9 71/34 06 45
Classe de prix moyenne (AE, DC, EC, Visa)

Rias Baixas ■ b 2
Un des meilleurs restaurants de l'île se cache dans une ruelle étroite, à proximité de l'église. Laissez le choix des crustacés au patron du restaurant. Il est originaire de Galice et s'y connaît en la matière. Les «**angulas a la bilbaina**», petites anguilles à la «basque», et la «**dorada a la sal**», daurade dans une croûte de sel, sont vivement conseillées.
Calle d'Ignasi Riquer 4
Tél. 9 71/34 04 80
Ouvert tous les jours (mi-mars à mi-nov)
Classe de prix élevée (AE, DC, EC, Visa)

Rincón de Pepe ■ b 2
Établissement calme, au milieu du tumulte. Depuis des années, il propose les meilleurs «tapas» de la ville.
Calle Sant Mateu 6
Tél. 9 71/34 06 97
Ouvert tous les jours
Classe de prix moyenne

Achats

Es Mercat Clot Marès ■ b 1
Autrefois, lorsque le grès (marès) y était taillé, c'était un endroit poussiéreux et très chaud. Au marché couvert, il n'y a plus ni chaleur ni poussière. Malheureusement, l'ambiance a aussi un peu disparu. Vaste choix en fruits et légumes, en viandes et poissons. Bars proposant des «tapas», coiffeur et un cordonnier.
Situé, au-dessus de l'église, entre les rues Calle del Progrés et Calle de Bartomeu Vicent Ramon

Le soir

Après le coucher du soleil, le quartier de divertissement «West End» se transforme en bar à bière à ciel ouvert. Les tables et les chaises marquent le territoire. La musique fonctionne à tue-tête.

Café del Mar ■ a 2
Les noctambules s'y rencontrent avant le départ, afin de profiter du plus beau coucher de soleil en écoutant de la musique classique.
Calle Lepant 4
Ouvert tous les jours jusqu'à minuit

Capone ■ b 2
Depuis une vingtaine d'années, championne des décibels jusqu'aux petites heures.
Calle Santa Agnès 12
Ouverte tous les jours

Extasis ■ c 2
Discothèque d'hôtel appréciée par les très jeunes gens. À l'hôtel Piscis Park.
Ouverte tous les jours

Joe Spoon ■ b 2
Le pub à la feuille de trèfle. Pas plus irlandais que bruyant.
Calle Santa Agnès 8
Ouvert tous les jours

Es Paradis Terrenal ■ c 3
Vous y trouverez des palmiers et des plantes vertes sous le toit pyramidal, des pistes de danse sur différents étages. La musique se distingue vraiment du bruit habituel des discothèques. Le mardi et le vendredi, ceux qui restent jusqu'à la fin peuvent profiter d'une douche rafraîchissante.
Av. Dr Fleming s/n
Ouverte tous les jours

Sgt. Pepper's Beach Club ■ b 2
Autrefois, bar musical très sombre. Aujourd'hui, une discothèque moderne.
Calle del Mar 9
Ouverte tous les jours

Services

Informations c 2
Passeig de ses Fonts
Tél. 9 71/34 33 63, Fax 34 41 75
Bureau ouvert tous les jours

Bus b 2
Bonnes lignes à destination de la ville d'Ibiza, des autres localités principales et des plages des environs.

Bateaux b 3/c 3
À destination des plages de Formentera et de la terre ferme à Dénia.
Passeig de ses Fonts

Soins médicaux
Urgences
Tél. 989/68 85 99

Appel urgent
Numéro général pour la police, l'ambulance et les pompiers:
Tél. 112

Taxis
Station
Calle Balanzat
Tél. 9 71/34 00 74

Buts d'excursion

Cala d'Hort et Isla Vedrà

■ A 5/B 5

Autrefois, elle n'était pas seulement belle, mais également vraiment isolée. Cependant, depuis quelque temps, vous pouvez vous rendre confortablement à la baie «Cala d'Hort», en empruntant la route asphaltée qui part de Sant Josep. La vue enivrante sur l'île de Vedrà, qui se trouve juste devant, et sur celle de Vedranell a été conservée.

TOPTEN 2

Cependant, le moyen idéal pour s'approcher de la très mystérieuse île «Isla Vedrà» est le bateau. La seconde possibilité traverse un paysage d'une beauté sauvage.
(voir Excursions, pp. 97-99)

Cova de ses Fontanelles

■ B 2

On dit que les fresques de la grotte, qui renferme des sources, proviennent de l'Âge du Bronze. Mais, n'en espérez pas trop. Le chemin qui y mène est, cependant, merveilleux. Il part de Sant Antoni, longe la côte jusqu'au Cap Nonó. Les panneaux indicateurs sont peu abondants, mais le paysage vous surprendra à chaque tournant.
À quelque 7 kilomètres de Sant Antoni

Es Cubells

■ B 5

La petite localité est située sur la côte sud de l'île. Un monument commémoratif y rappelle le moine de l'ordre du Carmel Francisco Palau. Il fonda la colonie au milieu du siècle dernier. Mais la plupart des visiteurs s'y rendent pour profiter de la vue du haut du bord de l'écueil.
À quelque 6 kilomètres de Sant Josep

Santa Agnès de Corona

■ C 2

Une dizaine de maisons blanches, une église tout aussi blanche et le bar **Can Cosmi**, voilà de quoi se compose la localité. Le «Can Cosmi» est l'endroit idéal pour faire une pause, car il est à la fois bar, bazar et restaurant. Des visiteurs viennent de tous les coins de l'île pour les célèbres «tortillas» maison de l'établissement.
Fermé le ma
De la terrasse, à droite, vous pouvez voir un atelier de cuir et, à gauche, l'imposant arc double de l'église. Tout droit, le regard se pose sur un paysage intact. Il déploie toute sa beauté, au moment de la floraison des amandiers. Vous ne pourrez, cependant, pas vous y attarder car vous n'y trouverez pas de logement.

Sant Agustí

■ B 4

Village situé juste un peu plus au sud de la turbulente localité de Sant Antoni, mais le contraste ne pourrait être plus grand. Vous ne trouverez pas grand-chose dans le petit village tranquille, mais tout y est beau: l'église, le bar «Berri», où le curé va également boire son verre de limonade, et une école allemande. De nombreux Allemands s'y sont en effet installés. Vous y trouverez, en outre, la classique «tienda», échoppe, qui fait également office de bureau d'informations, un cimetière et des champs d'amandiers en terrasse. Manque-t-il quelque chose à l'énumération? Oui, le monument que les artistes de l'endroit ont élevé sur la place de l'église. Il s'agit d'une œuvre en pierre représentant trois villageois sur un banc «muy tranquilo», très détendus, comme dans la vie.
À quelque 5 kilomètres de Sant Antoni

Sant Josep de sa Talaia

■ B 4

Sant Josep est la localité principale de la plus grande commune. Elle s'étend de l'aéroport au port de Torrent, à proximité de Sant Antoni. Douze mille habitants y vivent. La belle église traduit la richesse de Sant Josep. L'église paroissiale, construite entre le XVe et le XVIIIe siècles est constituée de trois arcs en plein cintre menant au vestibule, d'un autel richement orné, de vitraux remarquables et d'une chaire sculptée.
Dans le village, vous trouverez un supermarché, plusieurs petites boutiques et une galerie de peintures. Les autochtones se retrouvent volontiers, pour une partie de cartes, au bar «Bernat Vinya», situé sur la place récemment transformée, tandis que les visiteurs préfèrent le café en plein air «Racó Verd». Les logements touristiques manquent. Il n'est, d'ailleurs, jamais venu à l'idée d'aucun résident qu'il fallait que ça change. Peut-être est-ce la richesse du paysage qui a permis au village de résister à la tentation touristique. La plupart des étrangers n'y viennent que pour une courte visite. Ils y regardent avec étonnement la vie rurale intacte et poursuivent leur route vers une des nombreuses destinations des environs.
Ils trouvent ainsi, 2 kilomètres plus loin seulement, Sa Talaiassa qui s'élève à 475 mètres. Le nom provient de l'arabe et signifie «Tour de défense». Le point culminant d'Ibiza est, toutefois, aisé à atteindre, même en voiture. Un chemin de campagne ainsi qu'un chemin forestier vous y mènent. Mais il est préférable de garer sa voiture et de s'y rendre à pied. Vous reconnaîtrez le sommet à une pierre, sur laquelle vous pourrez lire des inscriptions, et à la tranquillité divine qui y règne. Par ciel dégagé, vous pourrez y voir la côte continentale d'Alicante.

À quelque 9 kilomètres de Sant Antoni

Paysage originel, calme et tranquillité, c'est Sant Mateu d'Aubarca. De cet endroit, un chemin mène à la falaise au nord du village – une promenade qui vaut la peine.

Hôtel

Les Jardins de Palerm
«Finca» du XVIIe siècle, transformée avec style et dotée d'un grand jardin de fleurs. Elle est située entre Sant Josep et Es Cubells.
Can Palerm
Tél. 9 71/80 03 18, Fax 9 71/80 04 53
7 chambres, 2 suites
Classe de prix élevée à classe de luxe (EC, Visa)

Achats

Bernat Vinya
Le petit magasin, situé à côté du bistro du même nom, vend des souvenirs, mais également des broderies de valeur et des dentelles faites main.
Situé sur la place de l'église

El Palio
Il propose des meubles ruraux bien travaillés et des costumes populaires originaux. Si vous abordez le sujet, le propriétaire vous montrera également sa collection d'instruments musicaux d'Ibiza.
Calle Pedro Escandellas 4

Sargantana
L'écrivain Gastão Heberle y vend les tableaux de sa femme Jussara. Le soir, il fait de même à la galerie Berri de Sant Augustí. Les tableaux représentent des paysages enchantés, très typiques d'Ibiza, où apparaissent des paysannes à bicyclette et de gentilles sorcières.
Situé sur la place de l'église

Sant Mateu d'Aubarca

■ C 2

À l'exception des éléments typiques d'Ibiza, à savoir l'église, la «tienda», (épicerie) et le café, vous n'y verrez rien. L'endroit est entouré de collines boisées, de vallées fertiles où poussent du blé, des amandes et des olives et de «fincas» isolées qui ressemblent à des forteresses. Ce lieu a du charme, mais ce n'est pas vraiment emballant. C'est la raison pour laquelle la localité de Sant Mateu a toutes les chances de conserver, même dans les années à venir, ce qui la caractérise, à savoir le calme et la tranquillité.
Située à quelque 15 kilomètres de Sant Antoni

STOP-MERIAN

Circuit en kayak et à mountain-bike Cette combinaison sportive est destinée à ceux qui souhaitent découvrir la région de la grande baie de Sant Antoni, sur terre et sur mer. La randonnée à prix abordable dure une bonne demi-journée. Les équipements (kayak, mountain-bike, casque, gilet de sauvetage) et l'accompagnement sont compris dans le prix. N'oubliez pas d'emporter une crème solaire et un chapeau! Eco Sport, Apartamentos Bonaire, Pinet Playa, Tél. 9 71/34 00 62, Fax 9 71/34 23 62 ■ B 3

La ville doit sa prospérité à l'unique fleuve des Pityuses, le Ríu Santa Eulària. Cependant, la partie nord-est de l'île est également empreinte du charme des hippies.

Santa Eulària des Ríu

18 500 habitants ■ E 3

La troisième ville touristique de l'île affiche volontiers son importance. Elle ne souhaite pas seulement être un centre du tourisme, mais également le rendez-vous des autochtones. De nombreux étrangers se sont installés dans la commune de Santa Eulària. Combien de fois les Anglais n'ont-ils pas choisi la localité pour s'y installer ou comme destination de vacances? La localité de Santa Eulària tient à son complément des «Ríu». Autrefois, le Ríu de Santa Eulària était, en effet, source de prospérité. Il prend sa source dans les montagnes de Santa Gertrudis. Seule la région «Es Molins» rappelle encore les moulins à grains qui fonctionnaient, jadis, à l'énergie hydraulique produite par l'eau du fleuve. Lorsque, grâce au tourisme, une nouvelle source de revenus commença à jaillir, la ville se développa. Au cours des années soixante-dix et quatre-vingt, même trop rapidement pour sa physionomie. Une ceinture de béton, faite de nouvelles constructions, encombre le centre-ville, doté de petites maisons blanches de style maure. Le désordre des boutiques de souvenirs menace la belle promenade urbaine. Officiellement, elle s'appelle «Passeig de S'Alamera». Dans le langage populaire, on lui donne, cependant, le nom de ses grands modèles de Barcelone et de Palma de Majorque, les «Ramblas». Une nouvelle promenade a été construite, ces dernières années, du côté de la mer. L'ancien boulevard côtier a été élargi et orné d'allées

Selon la légende, le pont de Santa Eulària aurait été construit par le diable. Il traverse l'unique fleuve – à vrai dire le plus souvent asséché – des Pityuses.

de fleurs, de palmiers et d'anciens réverbères madrilènes. Au nord, le visiteur se promène le long des cafés, des commerces et des auberges d'un côté et, de l'autre, il peut se rendre aux installations de sports nautiques. Au sud, le boulevard se termine à proximité du fleuve, que traverse un ancien pont à arches en pierres de taille, à hauteur de la route d'accès.

Le diable aurait construit le pont

Si l'on en croit la légende, le pont actuel ne fut pas construit par des architectes romains, mais par le prince des ténèbres. Le bourgmestre de l'époque aurait fait appel à lui parce que le pont romain qui s'y trouvait auparavant avait été détruit de nombreuses années plus tôt après une forte pluie. L'«alcalde» se serait écrié «Si seulement le diable le reconstruisait!». Celui qu'on avait appelé se manifesta, accepta la mission et demanda, pour toute récompense, l'âme de celui qui y mettrait en premier les pieds. Le lendemain, un nouveau pont traversait le fleuve. Cependant, on peut le comprendre, personne ne souhaita être le premier à traverser l'œuvre diabolique. L'astucieux bourgmestre y envoya, alors, un chien. Le diable, abusé, arracha furieusement quelques pierres du pont et disparut. Les pierres manquent, aujourd'hui encore. Vous pourrez vous en rendre compte vous-même. Vous ne pourrez, par contre, pas voir le Ríu de Santa Eulària. En tant que seul fleuve officiel des Pityuses, il devrait pourtant toujours s'écouler. Pourtant, la plupart du temps, son lit est asséché. Ce problème est dû à la grande consommation d'eau des étrangers. Si vous souhaitez y voir de l'eau, vous devrez vous y rendre après une forte pluie.
En revanche, la ville est plus impressionnante à la tombée de la nuit. Au Puig de Missa, la vieille église fortifiée blanche et imposante, illuminée par la lumière des phares, se détache alors du ciel nocturne. L'obscurité masque les autres quelques belles constructions temporelles.

Environs à contempler

Santa Eulària est le centre d'une région de vacances qui s'étend de la baie «Cala Llonga» au sud à la plage «Platja des Canyar» au nord. Malgré les nombreux visiteurs, la ville offre encore des coins tranquilles. Et les environs, dont font partie la côte est et le nord de l'île dans ce chapitre, ont gardé leur caractère rural. Vous y trouverez des fermes isolées dans un paysage splendide, un village fortifié parfaitement conservé, un site religieux datant de l'époque punique et des marchés où l'ambiance hippie domine.

La promenade côtière, «Paseo maritimo», de Santa Eulària est bordée de palmiers, d'hôtels et de complexes à appartements. De nombreux résidents d'Ibiza y vivent (photo, p. 66).

Hôtels et logements

S'Argamassa Sol
Grand complexe hôtelier, doté de nombreuses facilités sportives et de programmes pour les enfants. Situé à environ 10 minutes à pied de la plage de la baie «Cala Martina» et à 4 kilomètres au nord de Santa Eulària.
Urbanización S'Argamassa
Tél. 9 71/33 00 75, Fax 9 71/33 00 76
217 chambres
Classe de prix moyenne (AE, DC, EC, Visa)

Cala Llonga Fiesta Hotel
Construction moderne en terrasse, située sur une pente boisée de pins. La vue y est belle. À 4 kilomètres au sud de Santa Eulària.
Platja Cala Llonga
Tél. 9 71/19 65 01, Fax 9 71/19 65 13
163 chambres
Classe de prix moyenne

Club Cala Pada
Complexe de vacances niché au centre d'une forêt de pins. Les appartements et les studios sont situés dans des immeubles à un ou deux étages. À 3 kilomètres au nord de Santa Eulària.
Platja Cala Pada
Tél. 9 71/33 08 86, Fax 9 71/33 16 01
324 habitations
Classe de prix moyenne (AE, DC, EC, Visa)

San Marino
Hôtel quatre étoiles situé dans la Ville Neuve, à 100 mètres de la plage seulement. Il est équipé d'une piscine, d'un solarium et d'un parking.
Calle Ricardo Curtoys Gotarredona 1
Tél. 9 71/33 03 16, Fax 9 71/33 90 76
44 suites
Classe de prix élevée (AE, DC, EC, Visa)

Hostal Santa Eulària
Petite pension soignée, située au centre de la localité.
Calle Sant Jaume 97
Tél. 9 71/33 08 07
27 chambres
Classe de prix inférieure (AE, DC, EC, Visa)

Promenade

La destination de la promenade est Puig de Missa. L'église paroissiale de Santa Eulària, probablement la plus belle église fortifiée de l'île, est située sur ses hauteurs.
Vous partez de la place «**Plaça d'Espanya**». Vous pourrez y voir un monument aux vaillants citoyens qui secoururent les naufragés du bateau à vapeur «Mallorca» en 1913. Via la ruelle «**Carrer de Sant Vicent**» dotée de nombreux restaurants, vous arrivez à l'hôtel de ville et, un peu plus loin, au marché couvert. Tournez ensuite à gauche pour emprunter la rue portant le nom du peintre catalan Barrau. Elle vous mène à la colline sainte.
L'ancien centre urbain s'y trouvait jadis. Les maisons actuelles datent, pour la plupart, du XVIIIe siècle. Une des plus anciennes maisons, la «**Can Ros**», remonte à 3 siècles au moins. Elle abrite depuis mai 1994 le **musée ethnologique**.
Une autre ancienne maison de la colline de l'église abrite le **musée Barrau**. Quelques pas seulement séparent cette modeste maison de l'entrée de l'imposante église paroissiale de **Santa Eulària**. La plus grande et, probablement, également la plus belle église fortifiée des Pityuses a été construite sur les soubassements d'une mosquée. Elle fut érigée au XIVe siècle. Cependant, elle ne fut parée de ses murs fortifiés que 2 siècles plus tard. Ils étaient l'œuvre de l'architecte italien Calvi, qui imagina également

TopTen 5

les fortifications de la ville. À partir de 1558, l'église, dotée d'une tour de défense ronde faite de pierres naturelles, servit de refuge aux habitants de la colonie qui s'étaient installés au pied de la colline.
L'église d'un blanc éclatant constitue un exemple classique d'église fortifiée d'Ibiza. On en compte une vingtaine qui s'élèvent majestueusement, la plupart au sommet d'une colline, un peu à l'écart des localités. Outre les murs fortifiés, les arcs en plein cintre, qui mènent au porche appelé «portxo», sont également des éléments typiques. Ce porche est équipé de bancs de pierre et d'un réservoir. Le toit du «portxo» se compose, habituellement, de poutres et de bardeaux en bois de sabine. Le sol, quant à lui, est fait de gravier cimenté. L'intérieur de l'église est, le plus souvent, pratique et simple comme l'extérieur. De simples carrelages, représentant le chemin de croix de Jésus, ornent les murs blancs de l'église «**Església de Santa Eulària**». Seul l'autel baroque en or est remarquable.
Après la visite, ne manquez pas de faire un petit tour aux abords de l'église. Le chemin étroit, appelé «**Passeig del Maroves Lozoya**», vous mène, le long des murs d'enceinte, à un petit cimetière. Les chambres funéraires encastrées dans les murs, qui ressemblent à des tiroirs, sont garnies de photographies des défunts. Profitez également de la vue sur la mer et sur les champs. Avant de vous mettre en route pour la Ville Neuve animée, laissez-vous envahir par la tranquillité qui règne sur la colline de l'église. Si vous avez le temps, un petit détour est vivement conseillé. Il vous conduit du pied de la colline, le long du lit du Riù Santa Eulària, au pont de bois situé à proximité du village de vacances Siesta. Chemin faisant, vous pourrez entendre les canards caqueter dans les roseaux et les libellules battre des ailes. Vous n'êtes plus très loin, alors, de la promenade côtière, prêt à rejoindre le point de départ de la promenade des «Ramblas».

Durée: environ 2 heures

Le soleil du soir plonge l'église blanche de Santa Eulària dans un rose tendre.

Musées

Musée Barrau
Il présente des tableaux du peintre impressionniste Laureá Barrau. Il naquit en 1863 à Barcelone, mais élit domicile à Santa Eulària, où il mourut en 1957.
Puig de Missa
Ouvert le di
Entrée libre

Musée ethnologique Can Ros
Un petit tour dans ce musée vous permettra de vous faire une idée de l'ancienne Ibiza. Une cuisine, des appareils ménagers, des instruments de musique, des outils, une cave à vin, des toilettes de mariée, des costumes populaires de fête, mais également des vêtements de tous les jours confectionnés à partir du chanvre y sont présentés.
Puig de Missa
Ouvert tous les jours sauf le di
Entrée libre

Restaurants

Celler Can Pere
Les énormes tonneaux à vin accrochés aux murs ne sont là que pour la décoration, afin de créer «l' ambiance» adéquate. Le plus ancien restaurant de la localité est aussi la meilleure adresse pour manger du poisson et des crustacés.
Calle Sant Jaume 73
Tél. 9 71/33 00 56
Ouvert tous les jours
Classe de prix élevée (AE, DC, EC, Visa)

Doña Margarita
Le restaurant, situé à proximité directe de la promenade côtière, est dirigé de main de fer par celle dont il porte le nom. Ce qui lui a valu une étoile supplémentaire au guide Michelin. Les entrées et les desserts, comme le «jamón de Jabugo», jambon du célèbre village de montagne, sont également de qualité supérieure.
Puerto Deportivo, port de plaisance
Tél. 9 71/33 22 00
Ouvert tous les jours
Classe de luxe (AE, DC, EC, Visa)

El Naranjo
«L' oranger», sous direction anglaise, propose une cuisine internationale de qualité, à toute épreuve depuis des années. Le «canard à l'orange» est la spécialité de l'établissement. Réservez pour ne pas devoir attendre.
Calle Sant Josep 31
Tél. 9 71/33 03 24
Ouvert tous les jours, sauf le lu
Classe de prix moyenne à élevée (AE, EC, Visa)

Puerta del Sol
Cuisine fraîche, inspirée de la cuisine méditerranéenne, préparée par le patron lui-même.
Calle Sant Vicent 15
Tél. 9 71/33 07 65
Ouvert tous les jours, sauf le di
Classe de prix moyenne (EC, Visa)

Rincón de Pepe
«Le coin de Pepe» est un restaurant typique d'Ibiza qui s'est spécialisé dans les «tapas».
Calle Sant Vicent 53
Tél. 9 71/33 13 21
Ouvert tous les jours, sauf le di
Classe de prix moyenne

Achats

Es Mercat
Le nouveau marché couvert vous offre un large éventail de poissons et de légumes. Vous y trouverez, en outre, de nombreuses échoppes proposant des «tapas» fraîches du jour et des «para llevar» à emporter.
Calle del Sol
Ouvert tous les jours

Ojo
Comme l'œil, c'est ainsi que se nomme la boutique de seconde main où vous pourrez, parfois, faire de bonnes affaires. Ouvrez donc l'œil!
Calle Sant Josep 45

The Owl and the Pussycat
Les articles en cuir et les souvenirs de qualité supérieure sont aussi originaux que le nom du magasin. Il se trouve partiellement en plein air.
Passeig Marítim

Werner Salewski
Il propose des saucisses et des charcuteries allemandes. Il les livre même jusqu'à Formentera. Idéal pour les vacanciers qui cherchent une certaine variété.
Situé au début des «Ramblas»

Le soir

Dans la sage localité de Santa Eulària, la vie nocturne se déroule principalement aux terrasses des bars donnant sur la mer et jusqu'à minuit seulement:

Crocodil Bar
Cocktails, musique qui n'importune pas et public jeune.
Calle d'Església
Ouvert tous les jours sauf le ma

Estudio 64
Seule discothèque de la localité qui vaut la peine d'être mentionnée. Les jeunes gens et les personnes d'âge moyen y dominent.
Calle Sant Joan
Ouverte tous les jours

Fred's Bar
Pub anglais typique, où l'on sert de la «Guiness» au fût et de l'«apple pie», tarte aux pommes, maison.
Pl. d'Espanya
Ouvert tous les jours

Negro
Ancien bar où il règne, aujourd'hui, une ambiance «salle de séjour».
Calle d'Església
Ouvert tous les jours

Top Hat
Boîte de nuit qui, comme son nom l'indique, est «top». Elle ne rencontre, il est vrai, pratiquement pas de concurrence.
Pl. d'Isidor Macabich

Services

Informations
Calle Mariano Riquer Wallis 4
Tél. 9 71/33 07 28, Fax 9 71/33 29 59
Ouvert tous les jours, sauf le di

Bateaux
Ils font la navette entre le port de plaisance et la ville d'Ibiza, les plages les plus proches, et l'île Tagomago.

Bus
Il font la navette entre l'«Av. Ricardo Curtoys Gotarredona» et Sant Antoni, Sant Carles et Portinatx, ainsi que jusqu'aux plages et entre l'«Av. d'Isidor Macabich» et Sant Miquel, Sant Llorenç, Sant Joan et Portinatx.

Soins médicaux
Appels urgents:
Tél. 908/63 18 58

Appels urgents
Numéro général pour la police, l'ambulance et les pompiers:
Tél. 112

Taxis
Radio-taxi
Tél. 9 71/33 30 33

Animaux
Appels urgents:
908/63 61 50

Buts d'excursion

Es Canyar ■ F3

La localité est mieux connue sous son ancien nom «Es Canà». En effet, le plus grand marché hippie de l'île se tient, chaque mercredi, dans le domaine du club Punta Prima. Si vous souhaitez uniquement voir les écueils clairs de la pointe de terre, choisissez plutôt un autre jour.
À 3 kilomètres de Santa Eulària

Roca Llisa ■ E4

Les gens s'y rendent pour jouer au golf. Le terrain a, depuis toujours, été vert, soigné et beau. Il a, aujourd'hui, la taille réglementaire depuis qu'on y a ajouté un autre terrain. Le complexe de vacances du même nom a belle allure également.
Lors de l'établissement des plans, les architectes ont, à vrai dire, imaginé un village très riche et très distingué.
À 8 kilomètres de Santa Eulària, direction sud, en passant devant la colonie de vacances Siesta

Santa Gertrudis de Fruitera ■ D3

Le village, situé au centre de l'île, est un endroit inconnu des touristes. Les insulaires le savent et se sont aménagés un petit paradis. Cela se voit aux «fincas» des environs transformées en maisons de campagne, à quelques boutiques chic et à deux cafés que l'on est souvent tenté d'appeler bistros. **Le bar Costa** est vieux comme le monde. Des peintures ornent ses murs, des jambons sont suspendus à son plafond et le patron y prépare les meilleurs «**bocadillos**», sandwichs, de l'île. Si vous vous intéressez à l'art, vous pourrez y admirer également d'autres tableaux au salon. Les œuvres surréalistes, de grand format, du peintre sud-américain Monreal valent particulièrement le détour.
À 11 kilomètres de Santa Eulària

Ici, tout tourne autour de la balle de golf: le vaste terrain de Roca Llisa est considéré comme un green idéal par les autochtones.

Restaurant

Ama Lur
Restaurant servant une bonne cuisine basque.
Sur la nationale en direction de la ville d'Ibiza
Tél. 9 71/31 45 54
Ouvert tous les jours
Classe de prix élevée (AE, DC, EC, Visa)

Achats

Casi Todo
Vente aux enchères de meubles, de tableaux, de bijoux et de pièces rares.
Chaque dernier sa du mois

Claire
Vêtements et artisanat.
Pl. de la Església Santa Gertrudis

Galeria del Elefante
Antiquités et meubles.
Sur la nationale à destination de la ville d'Ibiza

Une institution: Au «Costa», à Santa Gertrudis, les nombreux tableaux aux murs tiennent pratiquement lieu de pinacothèque.

Libro Azul
Librairie internationale et galerie.
Sa Nova Gertrudis
Tél. et fax 9 71/19 74 54

Te Cuero
Ceintures, chaussures et sacs faits main.
Pl. de la Església Santa Gertrudis

Sant Carles de Peralta

■ E 2

Le village présente également les trois éléments classiques d'Ibiza, à savoir une église fortifiée blanche du XVIe siècle, un bazar et un bistro. Cependant, ce débit de boissons, nommé «Anita's bar», lui a apporté une certaine renommée. Il était en effet en quelque sorte le rendez-vous des hippies qui avaient fui le tumulte de la ville d'Ibiza pour se réfugier à la campagne. L'ancien comptoir en bois existe encore, tout comme le mur aux boîtes aux lettres et le jardin où l'on prenait le thé entouré de fleurs. Seul le public a changé.
Le bistro vit, aujourd'hui, principalement de ses souvenirs.

Vous ne verrez les hippies, authentiques et dans un âge avancé ou jeunes imitant leurs aînés, qu'au petit marché artisanal de **Las Dalias,** le samedi. Il se tient à 1 kilomètre au sud-ouest de Sant Carles.
À l'est, à quelque 6 kilomètres de Sant Carles, vous trouverez des baies dignes d'un livre d'images et une tour de pirates bien conservée. La tour «**Torre d'en Valls**» s'élève sur la pointe de terre «Punta des Valls». Du haut de son sommet, un panorama très contrasté se présente à vous. Vous pouvez voir, au sud, des champs qui ont été laissés pratiquement à l'abandon, au nord, la baie «Cala de Sant Vicent» encombrée par les constructions et, à l'est, l'île déserte de Tagomago. Lors du retour, à mi-chemin, il convient de mentionner les mines de plomb. Les premières galeries y ont été creusées par les Carthaginois. Ces mines sont situées sur la route menant de Santa Eulària à Sant Carles à 7 kilomètres.

Sant Joan de Labritja

■ E 1/E2

Il s'agit de la localité principale de la commune située le plus au nord et comptant 3 500 habitants. Le village est niché au milieu du paysage probablement le plus sauvage, mais également le plus beau de l'île.
L'église paroissiale de Sant Joan de Labritja se distingue des autres églises fortifiées de l'île par son toit de tuiles rond. Une particularité encore, c'est le patron du café du village, le «Vista Alegre», qui garde la clé de la porte de l'église. Vous y trouverez également de bons gâteaux maison aux amandes.
Une fois l'an, le 24 juin, le village s'anime pour de bon à la fête de Sant Joan. Les «Jean» d'autres localités y viennent également pour manger du «churro con chocolate», du gâteau nappé d'une grosse couche de cacao.
Huit kilomètres plus loin, à **Portinatx,** l'animation est à son comble. Si vous avez pitié de votre prochain, occupé à se faire dorer au soleil, vous pouvez louer un bateau de pêche qui vous conduira à la baie tranquille «Cala Xucla» ou à la plage «Platja S'Illot».

Stop-Merian

Galeria es Moli Galerie de tout premier ordre, située à la campagne. Elle est dirigée de façon nonchalante et charmante par une Française. Des œuvres d'artistes autochtones et internationaux y sont présentées dont celles de Bechtold, Calbet, Dalí, Galbraith, Miró, Picasso, Wohlfahrt. À côté de la galerie, la boutique Es Moli Decoración propose des meubles rares, faits main, et des tissus de décoration. Si vous recherchez un souvenir vraiment précieux et/ou de design, ne manquez pas d'y jeter un coup d'œil. Nationale Sant Miquel, au kilomètre 1,3, Santa Gertrudis ■ D 3

Restaurant

Can Gall
Restaurant installé dans une ancienne «finca».
Poissons et légumes frais sont les spécialités de la maison.
Nationale Sant Joan, au kilomètre 11,6
Tél. 9 71/32 50 55
Ouvert tous les jours, sauf le ma
Classe de prix moyenne (EC, Visa)

Sant Llorenç de Balàfia

D 2

San Lorenzo, tel est le nom castillan du hameau, doit sa célébrité à son quartier **Balàfia**. Il se situe à 1,5 kilomètre, au nord du centre du village. Il est, en outre, un exemple type de la manière dont les paysans construisaient autrefois leur maison. Quelques maisons cubiques blanches s'y blottissent contre une tour de défense ronde, faite de pierres naturelles brun-rouge comme les champs des environs.

TOPTEN 3

Des moulins à grains, des presses à huile, des sources et des réservoirs sont les éléments de cet ancien village, fortifié afin de se défendre contre les attaques des pirates maures et turcs. Le Corbusier, l'architecte du style moderne, y parlait d'«architecture rare et pure». Le fondateur de la «Bauhaus», Walter Gropius, se montra également charmé par les constructions de l'île. L'harmonie de l'espace, de la lumière et de la fonctionnalité qu'il prônait y était réalisée par de simples paysans. **À Es Pins**, sur la nationale à destination de Sant Joan, les résidents et les gens de passage y savourent des mets d'Ibiza tels que le «sofrit pagès» (pot-au-feu consistant) ou une paella avec du pain complet cuit dans un four en pierre et du vin de l'exploitation privée.
Accès depuis Santa Eulària,
9 kilomètres en direction du nord

Sant Miquel de Balanzat

D 2

De loin déjà, vous pouvez voir l'église fortifiée s'élever du haut d'une colline. Alors que l'entrée dotée d'arcs en plein cintre exerce un effet engageant, l'arrière fait plutôt penser à la forteresse qu'elle fut autrefois. Vous pourrez y voir, outre les murs massifs du XVIe siècle, d'élégantes fresques. Chaque jeudi, à partir de 18 heures, des danses folkloriques y sont présentées par des danseurs en costume populaire. Le même jour, les membres du groupe artisanal S'Hort organisent un petit marché, sur la colline de l'église.
De la place de l'église, le regard se pose, au sud, sur les champs brun-rouge de la plaine nommée «pla Roig» et, au nord, sur les montagnes recouvertes de pins. Le port de Sant Miquel se trouve quatre kilomètres plus loin environ. La baie pittoresque, ressemblant à un fjord et où seuls les bateaux de pêche accostaient jadis, est aujourd'hui encombrée par les constructions de vacances.
Il est donc préférable de bifurquer à droite, avant le port de Sant Miquel, pour prendre la direction des montagnes. Un panneau indique la direction de la «**Cova de Can Marça**», une ancienne grotte de contrebandiers. Depuis quelques années, elle est également ouverte aux honnêtes gens. Ils y sont accueillis par des concrétions calcaires remontant à 100 000 ans, des lacs souterrains, une cascade artificielle et de la musique classique. Grotte ouverte tous les jours.
À seulement 2 kilomètres à vol d'oiseau, vous trouverez la baie féerique de «**Cala Na Xamena**». La plage est petite, mais l'eau entre les écueils est pure et d'un bleu encre.

Prenez, à partir de la nationale à destination du port de Sant Miquel, la direction ouest, et faites, ensuite, un bout de chemin à pied.

Hôtel

Hacienda Na Xamena
Trois piscines, deux restaurants, une boutique, un bar avec terrasse et un sauna font partie de cette fastueuse hacienda. Son style architectural est conforme au style d'Ibiza. Et comme la descente vers «Cala Na Xamena» est malaisée, les 38 jacuzzis (bains à remous de luxe) des chambres sont installés de telle manière que, en regardant par la fenêtre, vous puissiez vous extasier sur la merveilleuse baie depuis l'eau de votre bain.
Cala Na Xamena, à proximité de Sant Miquel
Tél. 9 71/33 45 00, Fax 9 71/33 45 14
TOPTEN 4
Ouvert avril-oct.
53 chambres, 10 suites
Classe de luxe (AE, DC, EC, Visa)

Sant Vicent de sa Cala

E 1

Une église paroissiale et quelques maisons dispersées, voilà tout ce qui compose Sant Vicent de sa Cala. Son ancien ancrage, la baie «Cala Sant Vicent», semble faire partie d'un autre monde avec ses énormes constructions hôtelières. La grotte «**Cova des Cuieram**», située au-dessus de la baie de Sant Vicent de sa Cala, est une relique d'une époque révolue depuis longtemps déjà. En 1907, des archéologues y découvrirent un autel érigé en l'honneur de la déesse Tanit. Outre une centaine de statues colorées de la taille d'une main et d'autres offrandes, ils y découvrirent également un beau buste de la déesse Tanit. Il est devenu l'emblème de l'île.
Le chemin qui conduit à la grotte n'est pas balisé, il est pénible de surcroît. Tournez à gauche, environ 1 kilomètre avant la côte, montez le chemin en lacets jusqu'aux ruines. Vous pourrez distinguer la proximité de la grotte, nichée entre des rochers et derrière des bosquets, grâce au parking qui y a été récemment construit. Une grille, parfois fermée, barre l'entrée. De toute façon, il n'y a pas grand-chose à voir dans la «Cova des Cuieram». Cependant, la vue sur la côte découpée et le sentiment de vous trouver dans un site religieux très ancien vous récompenseront pour avoir pris la peine de faire le chemin.

Isla Tagomago

F 2

Rien que le nom fait naître des désirs ardents. Depuis longtemps déjà, des bateaux de pêche mettent le cap sur l'île rocheuse et, depuis peu, également des voiliers et des bateaux d'excursion. Les protecteurs de la nature ne supportent pas de voir que, outre les mouettes et un gardien de phare, un exploitant de restaurant puisse vivre sur une île d'une superficie de 1,5 kilomètre carré. Toujours est-il qu'un groupement de défense a pu empêcher la construction d'un village de vacances. Il vous sera donc possible d'y faire une excursion, mais pas d'y passer la nuit. Des bateaux vous y conduiront, au départ de Santa Eulària.

Heures solitaires dans un paysage que vous n'oublierez pas de sitôt. La romantique baie «Cala Na Xamena» est toujours une des plus belles baies d'Ibiza. Vous ne pourrez vous y rendre qu'à pied (photo, p. 75).

Formentera n'est plus, depuis longtemps déjà, une île destinée aux expériences à la «Robinson Crusoé». Cependant, elle est encore, pour de nombreux touristes, un lieu à l'attrait magique.

Le principal tout d'abord: Formentera ne possède pas d'aéroport. Les visiteurs font, dès lors, le voyage en bateau via **Freo**, ce détroit qui sépare Formentera de l'île voisine Ibiza. Les véritables amoureux de l'île font la traversée sur le «Joven Dolores». Avec ce vieux bateau, il faut compter une heure, au lieu des 25 minutes que prennent les ferrys modernes. Le vent dans les cheveux et le goût du sel sur les lèvres, la traversée donne alors un avant-goût de Formentera. Les habitués aiment le charme farouche de l'île et son paysage particulier. L'île est aride et, à l'exception de deux éminences, plane. Elle est dotée de vastes plages de sable et l'eau y est pure, comme nulle part ailleurs, en raison des courants favorables. Sa superficie ne dépasse pas 82 kilomètres carrés. On s'y sent, dès lors, rapidement chez soi.

Au nord-ouest, elle renferme deux lagunes et des salines. Le **Cap de Barbaria** s'élève au sud-ouest, le haut plateau de **La Mola** surgit de l'eau bleu foncé à l'est. Comme, depuis la mer, les caps - dont le débarcadère qui les relie est à peine visible - se dressent de façon marquante, certains linguistes pensent que le nom «Formentera» serait issu du mot «promontoria», promontoire. Selon une autre expli-

Les maisons paysannes de Formentera sont simples, mais attrayantes tout comme l'île.

cation, les Romains auraient appelé l'île «Frumenteria», terre de froment. Ceux qui auront l'occasion de se promener à bicyclette sur l'île, au début de l'été, et qui sentiront l'odeur de la céréale — «**forment**» en vieux catalan — fraîchement coupée se rangeront probablement au second avis.
En dehors de la période des moissons, l'odeur de pins et d'eau salée domine. À Ibiza, le visiteur sait qu'il est sur une île, à Formentera, il le perçoit partout. Vous y trouverez une route principale, qui traverse l'île telle une colonne vertébrale, quelques courtes routes asphaltées et un labyrinthe de chemins de campagne: l'infrastructure idéale pour les promenades.

S'évader en pension complète

Formentera ne renferme pas de curiosités particulières, mais des quantités de choses à découvrir: des moutons et des chèvres à l'ombre de figuiers en forme de parapluie, des paysannes en costume populaire sombre, des champs de thym et des lézards passant subrepticement. Les trois églises de l'île sont d'une simplicité touchante. Près d'Es Calò, vous pourrez voir les soubassements d'un castel romain et visiter une sépulture mégalithique, en bordure de la lagune. Vous y trouverez, en outre, une grotte à concrétions calcaires et deux beaux phares. Formentera semble faite pour ceux qui souhaitent s'échapper du tumulte du monde, même si ce n'est que pour deux semaines en pension complète.

Pôle d'attraction pour les peintres et les rêveurs

Les peintres et écrivains ont fait de l'île leur refuge, bien avant les hippies. Formentera est, ainsi, devenue une sorte de pôle d'attraction pour les rêveurs et les originaux.
S'il n'y avait, sur l'île, aucun lit d'hôte au milieu des années cinquante, il y en a, actuellement, quelque 10 000. Chaque année, 150 000 visiteurs s'y rendent, dont la moitié sont des Allemands. **Es Pujols** est son centre touristique. De ses quelque 5 500 habitants, presque tous vivent du tourisme, même si, accessoirement, comme leurs ancêtres, ils cultivent les champs et vont à la pêche.
Aucun ancien village ne s'y est développé, au cours des siècles, car Formentera n'a pas eu une population fixe en raison des attaques des pirates. La nouvelle colonisation a commencé au début du XVIIIe siècle. L'église fortifiée de **Sant Francesc** a, quant à elle, été construite entre 1726 et 1738. Les communes d'**El Pilar** et de **Sant Ferran** ont obtenu leur église et, dès lors, leur centre un demi-siècle plus tard. Il n'est resté qu'un amas de maisons de pêcheurs dans la localité d'**Es Calò**. Le port **La Savina** a acquis, pour sa part, une certaine importance grâce au tourisme.
Malgré les nombreuses transformations accomplies par le secteur touristique sur une courte période, la plus petite des îles de l'archipel des Baléares ne s'est pas laissé conquérir. Le caractère original de Formentera est resté intact.

Buts d'excursion

Es Caló de Sant Agustí ■ K5

Dans cette petite localité, à l'endroit le plus étroit de l'île – pas plus de 2 000 pas de largeur – pratiquement rien n'a changé au cours des dernières décennies. Vous verrez ici et là les rampes en bois sur lesquelles les pêcheurs arrêtent leur bateau, et le petit port naturel, apparemment déjà utilisé par les Romains. La petite pension Miramar, les palmiers à sa porte et les broderies sur la commode, n'est pas si ancienne que ça.
À Es Caló, vous pourrez passer la nuit au calme et manger de façon excellente. Le restaurant Pascual est connu pour son excellent poisson. Tout comme le Fonda Rafalet, dont le propriétaire, Juanito, part encore lui-même à la pêche. Le visiteur, assis à la terrasse, déguste le poisson fraîchement pêché, en admirant le soleil couchant et en souhaitant que le temps suspende son vol.

Hôtels et logements

Can Rafalet
Simple pension familiale, dotée d'un bon restaurant de poisson.
23 chambres
Classe de prix inférieure

Miramar
Pension confortable située dans l'ancien port romain.
Tél. 9 71/32 70 60
8 chambres
Classe de prix inférieure

Restaurant

Fonda Rafalet
La cuisine internationale est moyenne, le poisson — fraîchement pêché — excellent. La terrasse est située à proximité directe de la mer.
Ouvert de Pâques à fin oct.
Classe de prix inférieure à moyenne

Fascination de la violence de la nature: lorsqu'une tempête fait rage à Es Caló, on est heureux d'avoir les pieds sur la terre ferme.

Ca Na Costa ■ I 4

La sépulture mégalithique est située dans la région des salines, à proximité de la lagune Estany Pudent. TOPTEN 7 Ses grosses pierres, posées en cercle, font penser à un gigantesque calice. Le domaine religieux, érigé entre 2000 et 1600 av. J.-C., ne fut découvert qu'au début des années soixante. Avant cela, l'entrée de la sépulture et le mur d'enceinte étaient recouverts de terre et de buissons. Lors des fouilles, les archéologues y ont d'abord découvert des poteries et des outils en pierre. Plus tard, ils trouvèrent également des ossements de deux femmes et de six hommes. Afin de protéger la sépulture, la commune l'a entourée d'un grillage. Malheureusement, cette «cage» rompt le charme de cet ancien lieu de culte.

Site religieux très ancien sur la lagune: la sépulture mégalithique en cercle de Ca Na Costa a déjà 4 000 ans. Les hommes de l'âge de pierre la décorèrent de pierres dressées à la verticale.

Castellum romà de Can Pins ■ K 5

Seuls les soubassements de l'ancien complexe fortifié romain, situé sur la route principale à proximité d'Es Caló, sont encore visibles. Eux aussi étaient dissimulés sous terre, jusqu'au début des années quatre-vingt. Les paysans de Formentera avaient utilisé les blocs de pierre à chaux qui les dissimulaient afin de construire leurs maisons. Vous pourrez encore reconnaître la forme du castel à cinq tours angulaires caractéristiques. Ici aussi, une grille protège les ruines.

Cova d'en Xeroni ■ I 5

Le paysan Vicente Tur Mayans ne cacha pas sa déception lorsqu'il vit les deux ouvriers, occupés à creuser un puits dans son champ près de Sant Ferran, disparaître dans une crevasse rocheuse. Ils ne découvrirent pas l'eau souterraine recherchée, mais une grotte à concrétions calcaires. C'était en 1975. Aujourd'hui la «Cova d'en Xeroni» est une attraction touristique. Ouverte tous les jours

El Pilar de la Mola ■ L5

Ce lieu a beau être le centre du haut plateau de la Mola, on peut à peine le qualifier de village. Vous n'y trouverez, outre l'église «**Nostra Senyora del Pilar**», que quelques maisons à gauche et à droite de la route. L'église fut construite, en 1784, en style typique d'Ibiza un peu simple, voire quelque peu rectiligne. Dans le clocher étroit, qui répète l'arc en plein cintre de l'entrée, on aperçoit une cloche. Celle-ci résonnait jadis sur un bateau de Rotterdam.

Les quelque mille habitants de la Mola vivent très dispersés. Là haut, le sol est plus fertile que dans les basses terres, les murs sont plus hauts et fabriqués à partir de pierres rougeâtres. Comme il n'y existe pas de sources, les paysans récoltent l'eau de pluie dans d'énormes réservoirs. Ceux-ci peuvent contenir jusqu'à 100 000 litres d'eau.

Vous ne trouverez pas un seul hôtel sur le haut plateau, mais une petite pension de même que quelques boutiques et deux à trois auberges. Les autochtones se retrouvent chez Miquel, dont le café s'appelle, en fait, **Can Toni**. Les hommes s'y rendent pour faire une partie de cartes dans l'une des pièces et les dames pour jouer, avec zèle, pour des oranges dans une autre. Seuls les visiteurs étrangers, qui vivent sur le haut plateau, rompent avec cet ordre des choses. Le dimanche c'est le **jour de Mola**. Les touristes viennent, alors, voir les artisans qui possèdent une petite boutique sur la place du marché et y installent leurs stands le dimanche après-midi. Gabrielet, céramiste, est un des leurs. Il est pratiquement devenu un personnage culte. Il s'est retiré des affaires, mais son atelier décoré d'ossements de baleine sur le toit, les innombrables chats qui y errent et la chèvre à collier sont toujours des sujets de photographie très appréciés. Le dimanche, les autochtones s'y rendent également pour voir leurs parents, qu'ils nomment «virots». C'est également le nom des puffins qui nichent dans les rochers et qui, jadis, étaient capturés par les hommes de la région. Ces derniers se laissaient descendre à une corde depuis le bord de la falaise pour atteindre les nids. Les oiseaux surpris se défendaient et il ne restait plus alors à leurs adversaires, suspendus d'une main, rien d'autre à faire que de tuer leur proie d'un coup de dent. En pratiquant cette coutume, le «virotar», les hommes cherchaient, en fait, plutôt à prouver leur courage qu'à enrichir la liste des mets. Depuis, les puffins sont protégés, tout comme les corneilles qui tournoient en craillant au-dessus du haut plateau.

Logement

Pequeña Isla
Seul logement sur la Mola doté de six chambres pour individualistes. À recommander dans le restaurant du même nom: «frito de cordero» (viande de mouton de l'île avec des pommes de terre, poivrons et ail).
Ouvert toute l'année
Tél. 9 71/32 70 13 (Hôtel)
9 71/32 70 68 (Restaurant)
Classe de prix inférieure à moyenne (EC, Visa)

Le phare du haut plateau de La Mola s'élève à 192 mètres au-dessus de la mer. Il n'offre pas uniquement une vue grandiose, mais également une ambiance très particulière voire carrément «magique» (photo, p. 82).

Es Pujols ■ I4

En raison des nombreux visiteurs qui viennent tout droit de Rhénanie, en Allemagne, Es Pujols est également appelée par plaisanterie «le Midi de Düsseldorf». Il est impossible de ne pas remarquer la prédominance des Allemands dans le centre touristique de Formentera. Ils n'y rencontrent pas de problème pour se faire comprendre chez le coiffeur ou auprès des artisans qui installent leurs tables le soir à l'extérieur. Ils y trouvent leurs marques de bière habituelles et des petits pains aux raisins frais. Ils y chercheront cependant en vain la plus petite trace d'un centre-ville et même d'une église, que pourtant chaque hameau des Pityuses possède.
Es Pujols n'était, autrefois, qu'une baie dotée de quelques abris de bateaux. Le premier hôtel de l'île y fut construit à la fin des années cinquante. Des immeubles à appartements et des pensions suivirent. Depuis, quelques dizaines de bistros, de bars et de restaurants et quelques supermarchés et deux discothèques s'y sont installés. Pour Formentera, c'est beaucoup. En comparaison avec Ibiza ou même Majorque, c'est vraiment peu.

Hôtels et logements

Club Punta Prima
Village de vacances situé sur une pointe rocheuse. Nombreuses facilités sportives. La plage d'Es Pujols n'est située qu'à 800 mètres.
Punta Prima
Tél. 9 71/32 82 44, Fax 9 71/32 81 28
94 chambres
Classe de prix moyenne à élevée (AE, DC, EC, Visa)

Los Rosales
Bon hôtel modernisé et situé à l'entrée de la localité.
Tél. 9 71/32 81 23, Fax 9 71/32 81 61
46 chambres
Ouvert toute l'année
Classe de prix moyenne (AE, EC, Visa)

Sa Volta
Hôtel doté du café du coin le plus populaire du centre touristique.
Tél. 9 71/32 81 25, Fax 9 71/32 82 28
18 chambres
Ouvert toute l'année
Classe de prix moyenne (AE, DC, EC, Visa)

Restaurant

Sa Palmera
La «**zarzuela**», préparée à l'aide de poissons frais et de crustacés, est très savoureuse. Comme le gigot de mouton au four. Serveurs sympathiques.
Tél. 9 71/32 83 56
Classe de prix moyenne (AE, EC, Visa)

Le soir

Magoo
L'ambiance commence lorsque les établissements habituels ont fermé.
Ouvert tous les jours

Teatre Mágic
Formentera en son et en image, sur un écran circulaire.
Ouvert de Pâques à fin oct.

Tennis Bar
Depuis des années, le rendez-vous par excellence à Es Pujols. Dans le style d'un ancien bistro de Düsseldorf.
Ouvert tous les jours

Tipik
La plus ancienne discothèque de l'île, avec piste de danse en plein air.
Ouverte tous les jours

Service

Taxi
Tél. 9 71/32 80 16

Platja de Migjorn ■ I 5/K 5

Six kilomètres de sable fin, des dunes et de l'eau scintillante de couleur turquoise: cette plage enchantée fait partie de ce qu'il y a de plus beau à Formentera. Pourtant, il ne s'y passe pas grand-chose. Outre le seul hôtel de luxe de l'île, des auberges s'y sont installées. Dans les restaurants côtiers, on ne fait pas de manières et l'ambiance est familiale.

TOPTEN 9

Hôtels et logements

Casa Amarilla
Petit complexe de bungalows, bien entretenu.
Platja de Migjorn, Es Mal Pas
Tél. et fax 9 71/32 86 14
6 bungalows
Ouvert toute l'année
Classe de prix moyenne

La Mola
Hôtel quatre étoiles, rénové en 1995.
Platja Arenals
Tél. et fax 9 71/32 70 00
262 chambres, 64 bungalows
Classe de prix élevée (AE, DC, EC, Visa)

Santi
Hôtel familial situé sur la plus belle plage de Formentera avec piscine. De temps à autre, de petits concerts pop, organisés par le fils du propriétaire, s'y déroulent.
Platja de Migjorn, au kilomètre 11
Tél. et fax 9 71/32 83 75
20 chambres
Classe de prix moyenne (DC, EC, Visa)

Restaurants

La Formentereña
Il faut remercier la propriétaire originaire de Rotterdam, Yvonne, d'avoir installé, sur la plus belle plage, un établissement proposant des mets catalans au milieu d'un confort hollandais. Les enfants y sont les bienvenus. Ils y trouveront une aire de jeux, des concours et des soirées grillades gratuites.
Platja de Migjorn, au kilomètre 9
Tél. 9 71/32 87 53, Fax 9 71/32 22 55
Classe de prix moyenne (EC, Visa)

Hors saison, vous aurez le plus souvent la plage de Migjorn pour vous seul. C'est un lieu idéal pour les solitaires.

La Fragata
Restaurant côtier à cuisine consistante et avec vue merveilleuse. Lapin à la sauce piquante sur commande.
Platja Migjorn, au kilomètre 11
Ouvert sans interruption du matin au soir de mai à fin oct.
Classe de prix inférieure à moyenne

Le soir

Blue Bar
À l'époque hippie, la première question des nouveaux venus était «Où se trouve le Blue Bar ?» Réponse: «Après Sant Ferran, prenez à droite, au km 8, le chemin de campagne et continuez tout droit.» Le petit bar à proximité de la mer était, alors, le point de chute par excellence. Il est, aujourd'hui encore, un rendez-vous des heures tardives.
Platja Migjorn, au kilomètre 8

Une promenade à travers les champs de Formentera au moment de la floraison du thym est une expérience spectaculaire pour les sens: parfum et couleur à l'état pur!

Sant Ferran de ses Roques

I 4

Les insulaires n'ont pas encore bien accepté le nouveau nom de la localité, à savoir «Sant Ferran de ses Roques». La plupart parlent encore de «San Fernando». L'église de la seconde localité de l'île est située un peu à l'écart de la route de transit, à un endroit légèrement surélevé. Avec sa simple porte en bois, sa petite charpente de clocher et sa façade en pierres de taille, elle apparaît sans artifice. Le débit de boissons **Fonda Pepe**, qui aime à être qualifié de «cellule reproductrice» de l'exaltation de Formentera, est aussi peu importun que l'église «**Església de Sant Ferran**». Le décor y est fait d'une pièce sombre avec plafond orné de poutres et colonnes au centre, une terrasse étroite et des hôtes qui montrent qu'ils ne souhaitent pas qu'on les prenne pour des touristes. La «Fonda» est, effectivement, une institution. Juste au coin, deux Allemands ont ouvert un atelier où vous pourrez fabriquer vous-même votre guitare.

Hôtel

Illes Pitiüses
Hôtel sérieux, situé dans la rue principale.
Tél. 9 71/32 81 89, Fax 9 71/32 80 17
26 chambres
Ouvert toute l'année
Classe de prix moyenne (EC, Visa)

Restaurants

Fonda Pepe
Une visite à la «Fonda» s'impose juste pour son public hétéroclite et ses tableaux suspendus aux murs. Les cuisines catalane et internationale de l'établissement y plaisent également.
Situé à côté de l'église.
Tél. 9 71/32 80 33
Ouvert tous les jours de Pâques à nov.
Classe de prix inférieure à moyenne

Las Ranas
Les habitants étrangers de l'île recommanderont cet établissement à quiconque leur demandera où il est possible de bien manger dans un cadre agréable. Cuisine française et terrasse entourée de fleurs.
Situé sur la route de la baie «Cala en Baster».
Tél. 9 71/32 81 95
Ouvert tous les jours, sauf les lu et ma
Classe de prix élevée

Verdera
Bar et bistro proposant de bonnes «tapas» du jour.
Situé dans la rue principale.
Ouvert toute l'année
Classe de prix inférieure

Achats

Art ceramic Angel
Les visiteurs peuvent y assister à la décoration d'assiettes avec des motifs typiques de l'île.
Situé dans la rue principale.
Ouvert tous les jours

Le soir

Fonda Pepe
Un verre au comptoir du «Fonda» fait partie du programme obligatoire. On compte également des gens qui ont passé des heures, voire des nuits, sur le «petit mur philosophe» de la terrasse.

Ses Roques
Bar musical situé dans la rue principale, avant la bifurcation en direction de Ca Mari.
Ouvert tous les jours, jusqu'aux petites heures

Services

Pharmacie
Située dans la rue principale.
Tél. 9 71/32 80 04

Bus
Le bus de ligne dessert tous les points importants de l'île. Les itinéraires varient.

Centre de communication P.O. Box
Boîtes postales, service téléphonique, fax, photocopieur, change, Internet, mais pas de renseignements.
Situé dans la rue principale
Tél. 9 71/32 87 63, 32 88 91 – Fax 9 71/32 84 61

Soins médicaux
Dr Luis Martin Soledad
Cabinet privé
Tél. 9 71/32 84 75
Dr Lorenzo Córdoba Marí (vétérinaire)
Tél. 9 71/32 26 21
Urgences: Tél. 9 08/63 12 66

Sant Francesc de Formentera ■ H 4

C'est le nom qu'indiquent, depuis peu, les panneaux. Cependant, même les autochtones parlent encore de «San Francisco Javier». «Nuestra capital» crie le chauffeur de bus de façon ironique. Car «notre capitale» ne se compose que de trois rues où l'on trouve quelques vieilles maisons avec jardin à l'arrière, de boutiques qui donnent sur la rue et de quelques nouvelles constructions abritant des banques au rez-de-chaussée. L'église fortifiée du XVIIIe siècle en constitue le centre. Les habitants de l'endroit cherchaient refuge derrière ses murs, lors d'attaques de pirates. Autrefois, deux canons étaient plantés sur son toit. Aujourd'hui, le curé vit là-haut dans sa mansarde.
À gauche de l'église, vous pouvez voir l'ancien hôtel de ville où se sont installés la bibliothèque communale et le bureau de l'association locale de défense de l'environnement. Le 21 mars 1994, le Roi Juan Carlos a parlé aux habitants de Formentera depuis le balcon du nouvel hôtel de ville, face à l'église. Pour l'île, c'est un moment historique. Il conseilla vivement aux insulaires de conserver leurs traditions et de protéger la beauté naturelle de l'île. L'ancienne poste typique, située à droite de l'église, est digne d'être classée. Le calme des employés était assez particulier. Ceux qui ont déjà fait la file aux guichets ont pu voir les heures défiler. Cette époque est révolue. Aujourd'hui, la poste a déménagé dans un nouveau bâtiment, à l'entrée de la localité.
La zone piétonnière, bordée de lampes sphériques et de mimosas, n'est pas ancienne non plus. Les trois lieux de rendez-vous des résidents et des visiteurs y ont établi leurs quartiers, à savoir le **Fonda Platé**, le **Café Matinal** et le bar **Estrella Dorada**. Quelques pas plus loin, un petit musée régional a été ouvert récemment. Facile de ne pas le remarquer quand on ne sait pas qu'il existe et que l'on passe par-là, juste pour jeter

Une paysanne accompagnant son petit troupeau de moutons: image devenue rare sur la silencieuse et très primitive île de Formentera.

un coup d'œil sur ce que proposent ceux qui ont pris la relève des hippies. Il convient également de faire un petit tour par les coins pittoresques, les échoppes des petites rues latérales et par les ruines de «finca» envahies par les géraniums et les cactus.
Le plus ancien édifice de l'île fut découvert il y a environ une dizaine d'années. La petite chapelle «**Sa Capella des sa Tanca**» date, en fait, du XIVe siècle. L'église fut érigée par les colons chrétiens, après l'expulsion des Maures. Construite sous une forme tellement modeste, elle est tombée dans l'oubli. Elle fut, plus tard, incorporée aux plans d'une maison en construction. Les murs, qui cachaient le lieu de prière médiéval, ont été détruits depuis et «Sa Capella» a été restaurée.

Logement

Can Rafal (Llana)
Simple pension soignée dont le restaurant est vivement conseillé.
Calle Isidor Macabich
Tél. et fax 9 71/32 22 05
18 chambres
Classe de prix inférieure à moyenne

Musée et galerie

Musée régional
Vous pourrez y découvrir du matériel agricole, de pêche et, sur base de maquettes, voir comment fonctionnaient jadis les moulins à vent et les **norias** (roues à godets). À l'extérieur, vous pourrez admirer une locomotive à vapeur qui transportait autrefois, jusqu'au port, les wagons remplis du sel des salines. Elle fut construite au début du siècle.
Situé dans la zone piétonnière.
Ouvert tous les jours sauf le di

Sala de Cultura Sa Nostra
La galerie appartenant à la banque expose, à rythme variable, les œuvres d'artistes régionaux.
Située dans la zone piétonnière.
Ouverte tous les jours, sauf le di

Restaurants

Café Columbus
Le café en plein air du centre propose une cuisine maison, de petits mets et des coupes de glace raffinées. Tout y est servi, avec beaucoup de gentillesse, par les propriétaires Rosmarie et Santi.
Calle Isidor Macabich 7
Pâques-fin oct.

Es Cap
Établissement apprécié par les autochtones et les résidents. Il est doté d'une grande terrasse de jardin. Une fois par semaine, une soirée grillade est au menu. Les côtelettes d'agneau (**chuletas de cordero**) sont vivement recommandées.
Can Joan Damia, direction Cap de Barbaria, à la bifurcation à destination de la baie «Cala Saona»
Ouvert tous les jours, toute l'année
Tél. 9 71/32 21 04
Classe de prix inférieure à moyenne (EC, Visa)

Achats

De la laine de mouton teintée ou des ouvrages tricotés représentent de beaux souvenirs de l'île. On dit que Bob Dylan se serait produit, lors de ses premiers concerts, en pull-over de Formentera. Au Ier siècle av. J.-C., l'écrivain grec Diodore s'enthousiasma déjà pour la «merveilleuse et douce laine» des Pityuses. Vous pouvez acheter des souvenirs dans les commerces situés sur la Mola et à Sant Francesc.

Boutique Bernadette
→ STOP, p. 27

La Casa Blanca
Vous y trouverez de belles choses pour la maison et le jardin dont de la vaisselle, des objets en céramique et des tissus de décoration aux motifs personnels des deux patronnes françaises Annie et Christina.
Calle Isidor Macabich
Ouverte tous les jours

Enric Majoral
Il vous propose de rares ouvrages en or et en argent, décorés de motifs typiques de l'île, comme des figuiers et des lézards.
Calle de l'Arxidur Lluis Salvador 16
Ouvert tous les jours

«Finca» de Schoppi – atelier
Les sculptures et les personnages fabuleux en béton de Schoppi sont originaux, drôles mais lourds. Mais où il y a acheteur, on trouve toujours un moyen de transport.
Il est situé dans la rue principale.
Ouvert tous les jours

Services

Soins médicaux

Centro Médico
Situé sur la route principale, entre Sant Francesc et La Savina
Tél. 9 71/32 23 69

Pharmacie
À proximité de l'arrêt de bus.
Tél. 9 71/32 24 19

Police
Police locale: Tél. 092
Guardia Civil: Tél. 9 71/32 20 22

Taxis
Tél. 9 71/32 20 16

Bateau-taxi
Tél. 9 71/32 28 36
Informations: Fonda Platé, Sant Francesc et Estación Maritimo, La Savina

STOP-MERIAN

Pla del Rei Ce n'est, en fait, qu'un café de rue très discret. Cependant, le patron, Isidor, prépare avec magie sur sa «plancha», la plaque de cuisson typique de la région, les petites choses les plus succulentes: du pain de campagne à l'huile et aux tomates «pa amb oli» voire des queues de gambas. Il suffit de lui donner le temps, car l'établissement est toujours bondé. Il n'y a pas que les vacanciers qui font partie de la clientèle, les ouvriers qui viennent volontiers y prendre leur petit déjeuner, y compris leur petit verre de vin rouge.
Situé à l'entrée de la localité, ouvert toute l'année du matin à la nuit, classe de prix inférieure à moyenne ■ H 4

La Savina ■ H 4

Le port insulaire de La Savina a été agrandi quatre fois, au cours des quinze dernières années. Lors des derniers travaux, un nouveau port de plaisance fut ajouté dans la partie est de la baie. Dans l'ancienne «Marina», entre les mâts des voiliers, vous pouvez voir une rangée de maisons blanches. Les services portuaires, le bureau d'informations touristiques et les bureaux de location de voitures et de bicyclettes y ont établi leurs quartiers. Les genévriers phéniciens sont plus caractéristiques de Formentera que les palmiers récemment plantés. Le port leur doit d'ailleurs son nom. Les filets de pêche étalés par les pêcheurs et une jetée en pierres naturelles rappellent l'ancienne importance de La Savina. Il n'y a pas très longtemps, du bois, du sel et des pierres de taille y étaient embarqués et expédiés. Il s'agissait des seuls produits d'exportation de Formentera qui valaient la peine d'être mentionnés. Hors saison, le port semble dormir. Les chauffeurs de taxi s'endorment derrière leur volant. Bronzés, ils attendent des clients. Des chiens errants, des policiers à casque verni et des pêcheurs à la ligne infatigables complètent l'image habituelle d'un port méridional. Les bicyclettes sont alignées avec soin et, deux fois par jour, un bus de ligne y attend les passagers.

Hôtel

Bellavista
Hôtel à l'ambiance portuaire doté d'un restaurant.
Tél. 9 71/32 22 36, Fax 9 71/32 22 55
42 chambres
Ouvert toute l'année
Classe de prix moyenne (AE, EC, Visa)

Services

Informations
Bureau touristique de La Savina
Tél. 9 71/32 20 57, Fax 32 28 25

Taxi
Tél. 9 71/32 20 02

La Savina, la porte de Formentera: chaque séjour sur l'île y commence et y finit car l'île ne dispose d'aucun aéroport.

Circuit féerique à travers les montagnes d'Ibiza

Un village fortifié, une baie romantique, un site religieux punique et une promenade à pied vous menant à une tour de pirates constituent les points principaux de ce circuit. Il vous conduit à Sant Carles, via Sant Llorenç et à travers les montagnes du nord.

TOPTEN 6

La durée de l'excursion est, pour ainsi dire, «extensible» à souhait. Une pause baignade, un déjeuner sur la plage et une visite approfondie d'un village en font facilement un circuit d'un jour.

Santa Eulària des Ríu

De **Santa Eulària des Ríu**, prenez la direction ouest, le long du fleuve Ríu de Santa Eulària. Certes le lit du fleuve est asséché en été, mais il est frappant de voir comme la végétation y est luxuriante. Après six kilomètres, vous vous trouvez face à la nationale **C 733** qui commence dans la ville d'Ibiza et se termine près de Portinatx très au nord. Le mont «**Talaia de Sant Llorenç**» émerge tout d'abord, à main gauche. La montagne de 277 mètres protège Santa Eulària des Ríu de la froideur du vent du nord-ouest. Plus tard, vous pouvez voir, également à main gauche et quelque peu surélevé, le hameau de **Sant Llorenç**. L'église située à l'écart de la route de transit et un petit cimetière, dont les tombes sont ornées de couronnes de fleurs roses, sont remarquables.

Sant Llorenç

Musée habité

Lorsque vous avez rejoint la route principale, vous apercevez, à peine 1 kilomètre plus loin à gauche, le **village fortifié de Balàfia**. Il se compose de plusieurs fermes d'un blanc éclatant, qui semblent se blottir contre une tour de défense brune comme la terre. Vous aurez probablement envie de prendre votre appareil-photo pour fixer cette image sur pellicule.

Village fortifié de Balàfia

Mais pensez que ce «musée» est habité. La C 733 monte doucement, mais continuellement. La montagne locale de **Sant Joan de Labritja** s'élève, à l'ouest, à 362 mètres. Laissez, à votre droite, la localité et suivez la route de transit pendant trois kilomètres encore pour faire un crochet par la baie «**Cala Xarraca**». Cette baie pittoresque, protégée par les pointes de terre «Punta Marès» et «Punta Xarraca», est dotée d'une petite plage de galets et d'eau claire. Vous pouvez y plonger et ensuite marcher le long de la baie en direction de l'est, jusqu'à la baie «**Cala Xucla**». Vous y trouverez un restaurant. Il s'agit, en fait, juste d'une baraque, mais le poisson pêché par le propriétaire lui-même est un délice.

Les baies de baignade Cala Xarraca et Cala Xucla

Refuge des adhérents à l'ésotérisme

Sur la C 733, retournez jusqu'au carrefour et prenez à gauche. Peu de temps après, vous verrez apparaître la localité de Sant Joan de Labritja s'élevant du haut d'un versant de 200 mètres. L'église paroissiale à dôme en tuiles et à clocher remarquable constitue le point culminant de la localité. Les petites maisons blanches et la coquette pharmacie sur la place de l'église valent également la peine que vous vous y attardiez. Si vous regardez à côté, dans l'entrée où un panneau reprend le sigle E.C.O., vous vous rendrez compte que de nombreux étrangers amateurs d'ésotérisme se sont installés à Sant Joan de Labritja.

Sant Joan de Labritja

Huit kilomètres plus loin, à **Portinatx**, ce sont des vacanciers allemands et particulièrement anglais qui donnent le ton. Le village de vacances se compose des plages **Arenal grand, Arenal petit** et **Es Port**- toutes trois tout aussi bondées. Le village de vacances n'a aucune structure particulière.

Portinatx

Quittez ensuite la localité et dirigez-vous, par une route sinueuse, vers la montagne «**Talaia de Sant Vicent**». Vous verrez des collines boisées à perte de vue, jusqu'à ce que le bleu de la mer se mette à briller entre le vert des pins et, un peu plus tard, le blanc éclatant de l'église de **Sant Vicent de sa Cala**. Isolée, elle s'élève à l'écart de la route. Les maisons de la commune sont très dispersées.

Sant Vicent de sa Cala

Déesse de l'amour Tanit

La route suit le «**Torrent de sa Cala**». Vous pouvez voir des vignes et des vergers, quelques villas sur les pentes rocheuses du lit du fleuve asséché qui se jette dans la baie «**Cala de Sant Vicent**». Première impression: «Quelle belle baie!». Seconde impression: «Malheureusement, la plage sous les pentes rocheuses croule sous les hôtels!»

Cala de Sant Vicent

Depuis la baie, montez en lacets jusqu'à la langue de terre «**Punta Grossa**» de 174 mètres. Une splendide vue sur la côte nord-est fissurée et sur l'île Tagomago vous récompensera pour l'effort accompli. Le paysage semble sauvage et mystérieux. Il est aisé de s'imaginer que les Carthaginois y ont prié leurs dieux. La grotte «**Cova des Cuieram**» est située à proximité. Des archéologues y ont découvert un autel et de nombreux portraits de la déesse Tanit. Ne vous étonnez pas que le chemin ne soit pas balisé. L'esprit «de découverte» fait partie d'un vrai circuit à Ibiza.

Pointe de terre Punta Grossa

Détour par Cova des Cuieram

De la baie «Cala de Sant Vicent», longez la côte jusqu'à ce qu'un panneau indique la direction de la «**Cala des Pou**». Il s'agit d'une baie enchantée, où vous trouverez des abris de bateaux et des îlots. Vous devriez y laisser la voiture. Après une demi-heure de marche à travers une petite forêt, vous arrivez à une ancienne tour de pirates, la «**Torre d'en Valls**». L'île Tagomago est alors à proximité directe.

Baie enchantée, Cala des Pou

Pause chez «Don Bigote»

Depuis la pointe «**Punta des Valls**», parcourez les six kilomètres jusqu'à **Sant Carles de Peralta**. Sur le chemin, les belles vues vous surprendront. Les autochtones et les résidents s'arrêtent toujours au «**Anita's Bar**» face à l'église. Que diriez-vous d'un rafraîchissement? Comme un «palo con hielo», une eau-de-vie aux herbes douce-amère et glaçons. Si l'apéritif vous a creusé l'appétit, faites un petit crochet par la baie «**Cala Mastella**». Vous pouvez vous y rendre par la route qui mène à la baie «**Cala Llenya**». Après deux kilomètres, tournez à gauche en direction de **Can Jordi**. Tournez une nouvelle fois à gauche et empruntez

Sant Carles de Peralta

Arrêt gastronomique à la Cala Masella

un chemin de campagne jusqu'à la mer. Faites quelques pas à pied et vous apercevrez de longues tables, des bancs de bois et un homme à moustache frisée près du feu. C'est Juan Ferrer qui prépare les poissons pêchés par la famille: grillés ou en pot-au-feu à la façon des marins et accompagnés de tomates et d'oignons. Comme ce tuyau s'est répandu parmi les propriétaires de yachts, il se peut que toutes les tables soient occupées. Vous pouvez cependant réserver personnellement. «Don Bigote», le nom du propriétaire en raison de sa grosse moustache, n'a, en effet, pas encore le téléphone.
Vous pourrez également bien manger au restaurant **Las Dalias**. Il est situé peu après **Sant Carles**. Mais, la plupart des visiteurs visitent l'endroit parce que les artisans des environs y tiennent un **marché artisanal**, le samedi entre 11 et 20 heures, sur l'esplanade. Les autres jours, des concerts en direct y sont organisés.

Marché artisanal à Sant Carles

Après Sant Carles, une large route tracée au cordeau se présente à vous. En la suivant, vous pourrez voir des amandiers plantés dans la terre rouge et des moulins au loin. Peu après, sur le bord gauche de la route, des mines de plomb désaffectées apparaissent dans un paysage un peu sombre. Vous pouvez les reconnaître à deux tours de couleur ocre. La région se fait plus plane, la terre arable plus fertile et les premières maisons de Santa Eulària des Ríu apparaissent bientôt.

Durée: une demi-journée
Carte: rabat avant

L'ancien rendez-vous des hippies vit, aujourd'hui, de ses souvenirs: le temps semble s'être arrêté au bar Anita's Bar, le bistro du village de Sant Carles.

De Sant Antoni à Cova de ses Fontanelles

Ce circuit mène, en longeant la romantique côte ouest, à une grotte ornée de fresques préhistoriques. À l'aller, vous pouvez visiter l'aquarium de Cap Blanc et, au retour, la grotte «Cova de Santa Agnès».

Sant Antoni

Veillez à avoir de bonnes chaussures et à emporter une bouteille d'eau, une collation, de la crème solaire et un couvre-chef. Depuis Sant Antoni, longez la baie «**Cala des Moro**» au nord de la grande baie. Dos aux maisons de la ville animée, le Cap Blanc devant vous, vous arrivez, par un sentier pédestre étroit, à une grotte transformée en **aquarium**. De l'eau de mer y coule par plusieurs endroits fermés par des grillages afin de ne pas laisser s'échapper les poissons et les crustacés.

Complexe de vacances Stella Maris

En reprenant un petit bout de chemin en sens inverse et en passant devant le complexe de vacances Stella Maris, vous arrivez à la route asphaltée qui relie Sant Antoni à Santa Agnès. Après environ 2 kilomètres, tournez en direction de la baie «**Cala Salada**». Pour la première fois, un des panneaux couleur aubergine apparaît, indiquant

Au printemps, la végétation d'Ibiza montre sa palette complète de couleurs. Ceux qui passent juste leur temps entre la discothèque et la plage ont tort.

«Ses Fontanelles». En descendant, le chemin est abrupt et sinueux, jusqu'à ce que la route asphaltée se termine et se sépare en deux chemins de terre. Le **chemin forestier**, qui se trouve **à droite**, est le bon. Il monte abruptement, traverse des plantations de pins et passe devant deux «fincas» qui s'élèvent sur les crêtes de la colline. Le paysage s'ouvre ensuite. Vous apercevez alors d'anciens champs en terrasse, abandonnés depuis longtemps déjà, et la mer. Le chemin débouche dans un lieu étendu, à proximité directe de la falaise.

Chiffres de la Préhistoire

Jetez encore un coup d'œil sur la mer bleu encre, dont les vagues se brisent contre les rochers plus de cent mètres en contrebas. La descente commence ensuite. Le sentier ne fait que se corser et il est encombré d'éboulis de roche et de ruisseaux. Ensuite, à peu près au dernier tiers, au-dessus de la mer, vous apercevez la «**Cova de ses Fontanelles**», la grotte des sources. Elle n'est pas très grande (environ deux mètres sur deux). Les fresques sont protégées. Ce ne sont pas des illustrations, mais plutôt des chiffres qui suivent la structure de la pierre. On ne sait si les traits représentaient quelque chose de concret et si les dessins remontent effectivement à l'Âge du Bronze. En tout cas, ils éveillent l'imagination de celui qui les observe.

Grotte des sources Cova de ses Fontanelles

La falaise inaccessible est le lieu de retraite de quelques plantes rares. Avec un peu de chance, vous pourrez voir le superbe et endémique trêfle en fer à cheval des Baléares. Pour le retour, empruntez le chemin le plus confortable via **Can Germa**. Dès que vous vous êtes éloigné de la côte, vous rencontrerez également des figuiers.

Can Germa

La «**Cova de Santa Agnès**» se situe à deux kilomètres avant Sant Antoni. Il s'agit d'une chapelle, nichée dans une grotte, redécouverte au début du siècle et restaurée il y a peu. La maison en pierres de taille, aujourd'hui restaurant, abritait jadis également une chapelle.

Chapelle de la grotte Cova de Santa Agnès

Durée: une demi-journée
Carte: rabat avant

De Sant Josep à l'Isla Vedrà

Ce circuit mène à un endroit d'une beauté absolument magique. La vue sur la mystérieuse île «Isla Vedrà» en constitue l'apogée. Six kilomètres de route nationale, deux heures de promenade à travers champs et forêts séparent le point de départ de la destination.

Sant Josep

Un panneau à la périphérie de **Sant Josep** indique la direction d'**Es Cubells**. Les jardins font de la place aux champs plantés d'oliviers. À main droite, la plus haute montagne d'Ibiza, la «Talaiassa», s'élève à 475 mètres vers le ciel bleu. Cinq kilomètres plus loin, un panneau indique la direction de la baie «**Cala d'Hort**», votre destination. Vous pouvez, cependant, d'abord faire un petit crochet d'un kilomètre par **Es Cubells**. La vue sur le large et le long de la falaise, depuis le poste d'observation tout proche, est fantastique. À noter que la petite église d'Es Cubells est ouverte uniquement pendant les offices.

Es Cubells

Ensuite, rejoignez la nationale jusqu'à hauteur du panneau indiquant la direction de la «Cala d'Hort». À cet endroit, une route poussiéreuse tourne vers l'ouest, serpente à travers des champs de blé et, ensuite, à travers une nature pratiquement intacte. Après environ 4 kilomètres, une bifurcation apparaît à droite, mais il convient d'aller tout droit. Le chemin se fait plus étroit, monte, traverse une forêt de pins et s'ouvre sur un paysage d'une grande beauté. On a presque l'impression de se trouver dans un pré estival qui se jette dans la mer. L'horizon est un trait bleu. Les abeilles bourdonnent. L'odeur aromatique des plantes sauvages se diffuse dans l'air... La tour de guet «Torre del Pirata» s'élève à gauche, sur le versant, à 200 mètres au-dessus de l'eau. La baie «Cala

Paysage d'une grande beauté

Tour de guet Torre del Pirata

TOPTEN 2

Îles de récif Vedrà et Vedranell

d'Hort», entourée de rochers abrupts, est située en bas à droite. Tout droit, proches mais mystérieusement lointaines, les îles de récif Vedrà et Vedranell surgissent de l'eau bleu foncé. Elles sont rouge-gris, bleu-gris, abruptes et imposantes. Leurs pentes raides et arides font penser à une forteresse. Des chèvres abandonnées et de rares mouettes vivent sur la parcelle rocheuse que constitue l'île «Isla Vedrà», s'élevant à 382 mètres. Le Père Palau, qui s'y retirait fréquemment pour méditer, disait entendre des voix d'anges du fond de sa grotte, à 280 mètres d'altitude. La presse locale, quant à elle, aimait à communiquer la présence de soucoupes volantes. Mais ce n'était apparemment pas suffisant. Certains voient dans l'île «Isla Vedrà» une partie de l'Atlantide englouti. Même de loin, vous pourrez percevoir la magie de l'endroit. Certains poètes ont même comparé «Es Vedrà» à une cathédrale! Rejoignez la bifurcation du chemin et suivez la direction ouest. Il y a tout juste deux kilomètres jusqu'à la baie «Cala d'Hort».

Cala d'Hort

Cala Vadella

Jusqu'à la prochaine grande baie, la «Cala Vadella», il y en a cinq. Profitez du calme qui règne sur le chemin qui y mène. La «Cala Vadella» est, en effet, pittoresque mais malheureusement nichée dans un amas de constructions. De là, vous pouvez rejoindre le point de départ, Sant Josep, en bus.

Durée: une demi-journée

Une mer d'un bleu turquoise intense, un paysage vert de végétation et, entre les deux, comme de petits points, çà et là, une villa blanche: la falaise abrupte d'Es Cubells.

Du port d'Ibiza à Sant Antoni

Il faut également partir à la découverte d'une île par voie maritime. Vous pouvez, ainsi, participer à un parcours en bateau ou en louer un vous-même. D'une manière ou d'une autre, cette excursion prévoit beaucoup de temps pour la baignade et pour les escales.

Ville d'Ibiza

Le bateau quitte confortablement le port de la **ville d'Ibiza** et voilà déjà que l'île se montre sous son meilleur jour. Là, sur la pointe rocheuse, au-dessus de la jetée, vous apercevez les maisons blanches de **Sa Penya** et les remparts et, plus haut encore, la cathédrale et le castel. Les constructions en béton de Figueretes contrastent fortement dans ce paysage féerique. Dépêchez-vous de passer! La plage «**Platja d'en Bossa**», où les vedettes de nos contemporains particulièrement pressés jettent l'ancre, est également vite dépassée.

Plage d'en Bossa

Plage de dunes Es Cavallet

La large plage «**Es Cavallet**», avec ses dunes et son eau pure, semble inviter le voyageur. Passez au large de la pointe «**Punta de ses Portes**», où une tour de guet s'élève solitaire du point le plus méridional d'Ibiza. **Les salines** apparaissent ensuite. Après la plage «**Platja des Codolar**», avec l'aéroport à l'arrière plan, vous pouvez voir le rebord rocheux de **Sa Caleta**. Les Phéniciens y avaient installé leur avant-poste, avant qu'ils ne fondent la ville d'Ibiza.

Baie de baignades Cala Jondal

Que diriez-vous d'une pause baignade dans la baie protégée «**Cala Jondal**»?

Es Cubells

La modeste localité d'**Es Cubells** se situe entre la pointe «**Punta Puerto Roig**» et le **Cap Llentrisca**. Certaines villas se trouvent tellement proches de la falaise qu'elles pourraient glisser à chaque grosse pluie. Tel fut, d'ailleurs, le sort de la maison de vacances d'Ursula Andress. Mettez ensuite le cap sur l'île «**Isla Vedrà**». Des oiseaux marins volent

Isla Vedrà

autour du rocher d'environ 400 mètres et, de temps à autre, également un couple de beaux et rares faucons d'Eléonore. Ils élèvent leurs petits sur la côte sud-ouest d'Ibiza, avant de partir pour Madagascar. Le tour en bateau de l'île «Isla Vedrà» constitue une des plus impressionnantes expériences à Ibiza. Passez ensuite devant la baie

Cala d'Hort

«**Cala d'Hort**», où un millionnaire a fait construire un palais d'après des plans bibliques. Passez

Cala Vadella

également devant la baie «**Cala Vadella**» qui a réussi à se transformer d'une baie pittoresque en une baie animée.

Cala Tarida

L'animation se fait plus vive encore à la baie «**Cala Tarida**», la destination de nombreux bateaux d'excursion qui prennent leur départ à Sant Antoni. Avec à droite les rochers et à bâbord la plane île «Isla

Cala Comte

Espartar», mettez le cap sur la baie «**Cala Comte**». Vous y trouverez une petite plage de sable, des dunes et une forêt de pins. On peut se réjouir du fait que, jusqu'à présent, ni hôtels ni maisons de vacances n'y ont été construits. Seuls deux simples restaurants côtiers, où boire un verre en attendant de voir le soleil se coucher, y sont à votre disposition. Le moment venu, la boule de feu d'un rouge intense descend derrière l'île «Isla des Bosc».

Isla sa Conillera

La plus grande île, l'«**Isla sa Conillera**», l'île aux lapins, se trouve un peu plus loin au nord. Vous y trouverez un phare et un restaurant, mais aucun casino contrairement aux rumeurs. C'est ici, sur cette île inhabitée, qu'Hannibal serait né en 247 avant J.-C. Les habitants d'Ibiza l'affirment avec véhémence. La baie «**Cala Bassa**», belle du point de vue du paysage mais bondée, se cache derrière la pointe «**Punta de sa Torre**», où s'élève une tour de Sarrasin. Après être passé devant la baie «**Cala des Torrent**», vous accédez tout doucement à la grande

Baie de Sant Antoni

baie de Sant Antoni. Vous voilà, alors, arrivé à destination! Vous êtes peut-être très fatigué, parce qu'une journée en mer est épuisante, donne soif et creuse l'appétit. Ce problème est, cependant, simple à résoudre à Sant Antoni, où de nombreux restaurants vous attendent.

Durée: une journée
Carte: rabat avant

Les lagunes de Formentera

Cette excursion mène à un paradis naturel unique dont font partie des dunes, des forêts de pins, une lagune et une mer intérieure. La sépulture mégalithique «Ca Na Costa» se trouve sur le chemin. Sant Francesc constitue un point de départ idéal.

Sant Francesc

Après un kilomètre sur la route principale en direction de **La Mola**, tournez à gauche et suivez le chemin de campagne qui se sépare sur la rive de la mer intérieure **Estany Pudent**. Prenez le sentier gauche. Si l'on en croit la légende, une «finca» se trouvait autrefois à l'endroit où la mer plane réfléchit, aujourd'hui, le ciel. Elle appartenait à deux sœurs. Comme elles ne cessaient de se quereller, un jour, une énorme vague emporta leur maison. Il ne resta qu'une «mer intérieure nauséabonde», c'est bien ce que signifie «Estany Pudent». «Estany des Flamencs» est un autre qualificatif de la mer. Cependant, les flamants qui s'y arrêtaient jadis se font rares. Il est plus fréquent de voir des hérons, des bécasses et des balbuzards pêcheurs.

Mer intérieure Estany Pudent

Peu avant **La Savina**, le chemin raboteux aboutit à une route asphaltée. En contournant la mer, il mène au centre touristique **Es Pujols**. Sur la rive nord, prenez d'abord un chemin de sable. Il vous mène aux salines. Les bacs de sel géométriques y scintillent derrière des buissons de pins et de genévriers. L'ancien moulin à sel se trouve un peu plus loin, sur une petite colline. Le petit-fils des Müller l'a transformé en un restaurant exclusif **Es Moli de Sal**. La spécialité de la maison, à savoir les langoustes, se paye en espèces sonnantes et trébuchantes. La vue sur la chaîne bleue des collines d'Ibiza et sur l'île «Isla Vedrà» est, par contre, gratuite.

Centre touristique Es Pujols

Après la baignade, direction la sépulture mégalithique

Pause baignade à la Platja de ses Illetes

L'extrême nord de Formentera: Es Pas

Vous devriez laisser votre bicyclette à l'ancien moulin de sel et poursuivre, vers le nord, à pied. Des deux côtés de la pointe de terre, de vastes plages de sable et une eau merveilleusement claire vous donneront envie de faire une pause baignade à la plage «**Platja de ses Illetes**», la plage officielle de nudisme. Après une petite marche sur la **langue de terre** rocheuse de **Trucador**, vous arriverez à **Es Pas**, le point situé le plus au nord de Formentera. Par mer calme, vous pourrez passer à gué les quelques mètres qui restent pour arriver à l'île «Isla Espalmador».

TOPTEN 7 *Sépulture mégalithique Ca Na Costa*

Poursuivez la route, le long de la rive jusqu'à une presqu'île située à l'extrémité est de la mer intérieure. C'est là que vous trouverez la sépulture mégalithique «**Ca Na Costa**». Au printemps, il est fréquent d'y voir les autochtones chercher des asperges sauvages poussant dans les buissons épineux.

Es Pujols

Peu avant l'entrée de la localité d'**Es Pujols**, prenez, à droite, un chemin de campagne qui mène à l'endroit où vous avez quitté la route principale. Il longe la mer et traverse des vignes et des terres arables.

L'ensemble de la contrée entourant la lagune fait partie de la zone protégée «Ses Salines». Il convient de n'y observer les oiseaux qu'à distance. Quelques espèces y couvent. Les plantes pour leur part ne peuvent pas être arrachées. Des espèces d'orchidées y ont été découvertes récemment seulement. Après avoir rejoint la route principale, poursuivez l'itinéraire à bicyclette en direction de l'ouest, en passant

Autrefois, avant que le tourisme n'enrichisse l'île, la ressource principale de Formentera était l'exploitation du sel. Ceci déjà depuis les époques romaine et même phénicienne.

devant Sant Francesc, jusqu'à ce que, du côté gauche de la rue, un panneau indique la direction de Porto Saler. Ne restez qu'un petit bout de chemin sur la large route et tournez, ensuite, à droite. C'est ici que débute la réserve naturelle **Estany des Peix**. Le nom de la lagune signifie «Étang à poissons». Elle est reliée à la mer par le goulet «sa Boca». La dénomination de la localité «**Porto Saler**» dérive du nom romain «Portus Salarius». Les Romains y chargeaient, en effet, du sel des salines et des poissons salés sur des bateaux.

Réserve naturelle Estany des Peix

Après à peine un kilomètre, vous arrivez au sentier pédestre «**Cami de sa Pedrera**». Il mène à la pointe de terre «**Punta de sa Pedrera**», à travers un petit bois et le long d'une baie en forme de croissant de lune. Des hangars à bateaux et le kiosque de plage **Anselmo** se trouvent au bout de la baie. Il est temps maintenant de prendre un rafraîchissement et de ranger, à nouveau, sa bicyclette. Parcourez la contrée de la pointe «Punta de sa Pedrera» à pied. Le nom signifie «carrière». Vous pourrez encore y reconnaître aisément les endroits où les hommes de Formentera ont, jadis, durement cassé les pierres avant de les transporter à Ibiza.

Sentier pédestre Cami de sa Pedrera

Continuez, ensuite, votre route en direction de la tour «**Torre de la Gavina**», le point situé à l'extrême ouest de l'île. De là, vous aurez une merveilleuse vue panoramique. C'est ici que débute le chemin du retour.

Direction Torre de la Gavina

Durée: une demi-journée
Carte: rabat arrière

Après le tour à bicyclette, il est conseillé de se rafraîchir sur la plage de Ses Illetes. De nombreux amas rocheux volcaniques y surgissent de l'eau comme de petites îles («Illetes»).

Sur la chaussée romaine de Formentera

Était-ce effectivement les Romains ou, finalement, les moines de l'Ordre des Augustins qui ont construit cette excellente route? Qui que ce fut, cette promenade vous fera découvrir un paysage unique.

Nous partons pour le point culminant de l'île, mais des chaussures de montagne ne vous seront pas nécessaires. De bonnes chaussures de marche et un chapeau de soleil suffisent. Munissez-vous, en outre, de l'excellente carte de l'île des éditions **Artes Gráficas**. Elle reprend tous les chemins de campagne et tous les points où vous ferez escale pendant ce circuit. Elle est uniquement disponible sur l'île.

Es Caló

Es Caló constitue le point de départ. Après quelques centaines de mètres sur la route principale, prenez à gauche, à hauteur de l'hôtel **Entrepinos**. C'est ici que

Cami Romà

commence la route «Cami Romà», qui serpente le long de la côte. Il vaut la peine de s'arrêter à chaque instant, de respirer le parfum des fleurs sauvages et de profiter de la vue. De temps à autre, vous pourrez voir d'anciennes routes pavées et des percées dans la puissante roche. Après un kilomètre et demi, la chaussée romaine aboutit à la route asphaltée du haut plateau. Marchez environ 100 mètres à l'ombre de hauts pins et tournez, ensuite, à droite. Le **chemin de campagne** mène, à travers une région aux anciennes «fincas», **au point culminant de l'île**, à savoir la «**Talaiassa**». Elle se trouve à 192 mètres au-dessus de la mer. De cet endroit, vous pouvez la voir dans presque toutes les directions.

Chemin de campagne menant au point culminant de l'île

Voyage à travers le système solaire

La vue vous a-t-elle donné envie de vous approcher

de l'eau ? Traversez tout d'abord en direction du sud, des champs et des jachères où pousse une sorte de grand lys et, ensuite, une contrée de forêts et de buissons. Après deux kilomètres, descendez vers la côte située à proximité d'Estufador.

Pour le retour, gardez en vue un ancien moulin à céréales et rejoignez la route principale. Poursuivez, ensuite, tout droit, jusqu'à la pointe «**Punta des Far**». Le «**Far de la Mola**», un phare datant de 1861, s'élève tout au bord de la falaise. Juste à côté, on a érigé un monument commémoratif à **Jules Verne**, dont une partie du roman de fiction «Voyage à travers le système solaire» se déroule à Formentera. C'est un spectacle captivant de voir la falaise se précipiter à 100 mètres de haut dans la mer. Mais il reste du chemin à faire. Avant l'**église de Pilar**, tournez à droite et prenez le chemin dénommé «**Cami des Monestir**». Vous approchez ainsi de la côte nord fissurée, où apparaissent de nombreuses grottes. L'une d'entre elle est la légendaire «**Cova des Fum**». Les pirates maures y cachaient leurs trésors. Ils y étaient à l'abri comme dans une forteresse. Jusqu'à ce qu'en 1108, une flotte de Vikings attaque. Les Normands réussirent à accoster avec un de leurs bateaux sur la Mola, le firent dévaler du haut de la grotte et envoyèrent des flèches enflammées sur leurs adversaires.

Quittez le haut plateau à pied ou en bus. Le bus prend le départ à El Pilar et s'arrête au point de vue Mirador.

Phare de la Mola

Monument à Jules Verne

TOPTEN 10

Grotte des pirates Cova des Fum à El Pilar

Point de vue Mirador

Durée: une demi-journée
Carte: rabat arrière

Sur les traces des Romains: les routes pavées très anciennes qui mènent d'Es Caló à La Mola sont partiellement envahies par la végétation. Parfois, le sentier semble disparaître complètement.

Autour de Formentera

Bien entendu, ces excursions en mer, souvent appelées «parcours pirate», sont organisées. Louer un bateau personnellement, comme l'ancien «Joven Dolores», n'est pas à la portée de tous, comme les excursions individuelles d'ailleurs.

Notre point de départ est le port **La Savina**. Le bateau passe calmement devant la large plage «Platja de ses Illetes». La baie d'Espalmador est également bien protégée. Cependant, dès que le bateau passe la tour de guet sur l'écueil de couleur ocre, une certaine expérience en mer est requise. En effet, le **Freo**, détroit situé entre Formentera et Ibiza, fait partie des traversées les plus dangereuses en Méditerranée. Au printemps et en automne, les tempêtes y sont fréquentes.

L'île plane «**Isla Espardell**», située quelque peu à l'est de l'île «**Isla Espalmador**», ressemble à une assiette colorée. L'île est inhabitée. Elle est, en effet, protégée. Il est, cependant, permis de nager, plonger avec masque et tuba ou de faire de la plongée sous-marine dans ses magnifiques eaux bleues, pour autant que l'on n'y parte pas à la chasse armé d'un harpon ou que l'on n'y emporte pas les coquillages qui s'y cachent. Dos à la petite île, approchez de la baie d'**Es Pujols**. Les surfeurs, les pédalos, les nageurs, les parasols – tout cela se trouve déjà derrière vous quand vous arrivez à la pointe «**Punta Prima**». Le village de vacances situé sur l'écueil s'est camouflé grâce aux couleurs de la terre. Les maisons estivales des résidents sont blanches, mais vous ne pouvez pas les voir. Pendant deux siècles, seule existait la tour des Sarrasins sur la pointe de terre aride. Elle date, comme les quatre autres tours de guet, du XVIIIe siècle, lorsque l'île fut à nouveau colonisée .

Tour des Sarrasins

Le long des sections côtières planes d'Es Carnatge et de la plage «**Platja Tramuntana**», approchez du petit port naturel d'Es Caló en passant devant la Mola, qui surgit de la mer comme un mur bleu-gris parsemé de trous. La grotte enfumée «Cova des Fum» se trouve là-haut.

Es Caló

À la pointe «Punta de sa Creu», vous vous trouvez à l'extrême nord de la Mola. La proue de votre bateau met le cap sur le sud. La grotte «**Cova des Estrips**» se trouve à mi-chemin du phare. À la pointe «**Punta Roja**», mettez le cap sur l'ouest. À proximité de la côte, invisible depuis le bateau, se cache la grotte «**Cova Mala**». Une légende raconte qu'on ne peut la fouler du pied que deux fois sous peine d'être inéluctablement perdu. Le port de pêche d'Estufador apparaît un bon mille plus loin. Si vous vous approchez de la rive, vous pourrez voir des rampes de bois et les abris des bateaux incrustés dans la pierre. Le rocher rongé par le soleil et la pluie ressemble à un spectre. La falaise perd de l'altitude et, après un bon mille, la plage «**Platja de Migjorn**» commence. Elle s'étend sur six kilomètres. Elle constitue sans doute l'une des plus belles plages des Pityuses, des Baléares et peut-être même de la Méditerranée.

Punta de sa Creu

Punta Roja

Port de pêche Estufador

TopTen 9

Platja de Migjorn

Le long des falaises sauvages

Levez à nouveau l'ancre à destination du **Cap de Barbaria**. Le phare sur la pointe et, un peu à droite, la tour «**Torre des Garroveret**» sont bien visibles. À distance respectable, faites le tour du cap. Vous entendrez, alors, le déferlement des flots se briser contre les rochers et les mouettes. L'aiguille du compas sur le nord, longez la côte. Vous ne verrez, alors, rien d'autre qu'une nature vierge. À la pointe «**Punta Rasa**», la côte tourne brusquement en direction de la baie «**Cala Saona**». L'étape suivante est la pointe «**Punta de la Gavina**» et sa tour du même nom. Derrière la pointe de terre suivante, la «**Punta de sa Pedrera**», vous pourrez voir l'Estany des Peix. Votre port d'attache est proche. Déjà, les maisons de La Savina apparaissent!

Cap de Barbaria

Punta Rasa

Punta de la Gavina

Durée: une journée
Carte: rabat arrière

TOPTEN 8

Au Cap de Barbaria à Formentera

Vous pouvez également vous rendre au Cap de Barbaria en bus ou en voiture, mais le parcours à bicyclette est le plus amusant.

Sant Francesc de Formentera

De **Sant Francesc de Formentera**, empruntez la route asphaltée jusqu'à la bifurcation de la baie «**Cala Saona**». Tournez brièvement à droite et, après à peine un kilomètre, prenez à gauche le chemin «**Cami des Cap**». Il forme un coude au «**Puig Guillem**». De ses 113 mètres, il représente le second point culminant de l'île. Il vous permet de rejoindre la route principale. Plus loin, à l'ombre des splendides pins «aleppo», la route descend doucement vers la côte. Le sol se fait de plus en plus rocailleux.

Lumière au bout du monde

Vous vous trouvez à présent face au phare blanc s'élevant au-dessus de la mer d'un bleu métallisé. Est-ce l'étendue, le mélange des parfums, l'air vibrant ? Nombreux sont ceux qui s'y sentent complètement enivrés.

Cova Foradada

La grotte «**Cova Foradada**» se trouve à un jet de pierre, à droite du phare. Au niveau de la crevasse, elle présente un trou en forme d'entrée et une sorte de balcon donnant sur la mer. Si vous vous tournez vers la gauche et que vous longez la falaise à pied, vous arrivez à la tour «**Torre des Garroveret**».

Torre des Garroveret

L'endroit est isolé et calme. Si vous avez le temps, attendez la tombée de la nuit afin d'y admirer les étoiles dans le grandiose ciel du soir. Sinon, attendez au moins le coucher du soleil. Après les derniers rayons visibles, le phare envoie des signaux. C'est le point le plus méridional de l'île et des Pityuses.

Durée: 2-3 heures
Carte: rabat arrière

Appels urgents

Numéro général pour la police, les pompiers et l'ambulance: Tél. 112

Policía Nacional
En cas de cambriolage ou de vol
Tél. 0 91

Policía Local
En cas d'accident de la circulation
Tél. 0 92

Guardia Civil
- Ibiza
Tél. 9 71/30 11 00

- Formentera
Tél. 9 71/32 20 22

Population

Les habitants d'Ibiza et de Formentera se considèrent comme identiques. Les habitants des deux autres îles sont considérés comme des cousins. Les habitants des Pityuses se sentent également liés, par la langue, avec les Catalans du continent. Cependant, la différence entre un habitant d'Ibiza et un Andalou est très prononcée, en ce qui concerne leur tempérament respectif et leur attitude face à la vie. Si les insulaires devaient autrefois chercher du travail à l'étranger ou émigrer, le tourisme attire, aujourd'hui, de nombreux travailleurs des régions les plus pauvres d'Espagne. Les Pityuses comptent 87 500 habitants dont quelque 9 000 habitants sont originaires des pays de l'Union européenne. De cette population étrangère, 3 000 sont d'origine allemande. La tolérance des insulaires vis-à-vis des artistes un peu loufoques, des hippies déconcertants et des touristes a fait couler beaucoup d'encre. Le fait est, cependant, que les étrangers ne leur faisaient, en fait, ni chaud ni froid. Cette attitude indifférente leur permit de conserver leur caractère propre et, en même temps, de vivre en paix avec les visiteurs.

Criminalité

L'époque où on pouvait laisser sa maison grande ouverte, aux Pityuses, est révolue depuis longtemps. Cependant, la délinquance y est moins fréquente que dans des régions comparables. Il suffit, souvent, de prendre les mesures de sécurité habituelles. Mettez, dès lors, vos objets de valeur à l'abri dans le coffre de l'hôtel et ne laissez rien traîner dans votre véhicule. En cas de vol, avertissez l'organisateur du voyage ou rendez-vous personnellement à la police. Vous avez, en effet, besoin d'un procès-verbal pour votre assurance.

Animaux

Un certificat vétérinaire de vaccination contre la rage est requis pour les animaux domestiques. Il doit être établi depuis au moins 30 jours et ne pas remonter à plus de 12 mois.

Représentations diplomatiques

Consulat de France
Calle Carro 1, Palma
Tél. 9 71/73 03 01

Consulat de Belgique
Paseo del Borne 15, Palma
Tél. 9 71/72 47 86

Consulat d'Espagne
Boulevard Malesherbes 165
75017 Paris
Tél. 01/44 29 40 00

Consulat d'Espagne
Boulevard du Régent 52
1000 Bruxelles
02/509 87 70

Douane

Depuis l'introduction du marché intérieur de l'Union européenne le 1er janvier 1993, les contrôles douaniers aux frontières intérieures ont été supprimés. Des contrôles de sécurité ont, cependant, toujours lieu. Les limitations d'exportation et d'importation de tabac, d'alcool, etc. ne sont, dès lors, plus d'application.

Tension électrique

Elle est habituellement de 220 Volts. Les prises de courant suivent de plus en plus une norme standard. Il est possible de se procurer un adaptateur dans les magasins d'appareils électriques, si une prise ne convenait pas.

Jours fériés

On travaille la veille de Noël et à la Saint-Sylvestre. Outre les fiestas locales organisées par chaque commune en l'honneur du patron de la ville et les jours fériés variables de Pâques et du Saint-Sacrement (Corpus), les insulaires sont en congé les jours suivants:

1er janvier	Nouvel an (Año Nuevo)
6 janvier	Épiphanie (Los Reyes Magos)
1er mai	Fête du Travail (Día del Trabajo)
25 juillet	La Saint-Jacques (San Jaime, Fiesta de Santiago)
15 août	Assomption (Asunción)
12 octobre	Jour de la découverte de l'Amérique (Día de la Hispanidad)
1er novembre	Toussaint (Todos los Santos)
6 décembre	Fête de la Constitution (Día de la Constitución)
8 décembre	Immaculée Conception (Immaculada Concepción)
25/26 décembre	Noël (Navidad)

Pourboire

Dans les retaurants, il est courant d'honorer le service d'un pourboire équivalent à 10% du montant de l'addition. Pour les femmes de chambres, un montant de 500 pesetas est raisonnable. Le chauffeur de taxi se satisfera de 100 à 200 pesetas.

Photographier

Vous trouverez du matériel photo dans toutes les localités, si petites soient-elles, mais à un prix supérieur à celui que vous connaissez chez vous. Le développement est rapide et de bonne qualité. Il n'y a, cependant, pratiquement pas de laboratoires qui soient équipés pour la photo en noir et blanc. Les dames âgées en costume populaire sont, certes, un sujet apprécié mais elles n'apprécient pas trop qu'on les prenne en photo. Tenez-en compte!

Argent

La peseta (Ptas) est la devise espagnole. Des pièces d'1, 5, 10, 25, 50, 100, 200 et 500 pesetas comme des billets de 1 000, 2 000, 5 000 et 10 000 pesetas sont en circulation. Le cours du change est variable.

Dans la plupart des cas, il est plus intéressant de changer ses devises auprès des banques que dans les hôtels. Les cartes de crédit sont acceptées dans tous les hôtels et dans la plupart des commerces et nombreux restaurants. Les eurochèques peuvent être émis pour une valeur maximale de 25 000 Ptas. Les détenteurs d'un compte postal peuvent s'adresser à la caisse d'épargne postale (caja postal) à la poste (correos). Vous pouvez y retirer jusqu'à 6 500 FF ou 40 000 FB par mois. Il n'existe pas de limite maximale en ce qui concerne l'importation de devises. L'exportation de devises espagnoles est, par contre, limitée à 1 000 000 Ptas par personne. Pour les sommes plus importantes, vous devrez en justifier l'utilisation.

Économie

Si, autrefois, l'exploitation du sel constituait la ressource principale des îles, le tourisme a pris le relais aujourd'hui. Il représente 80% du produit national brut des Pityuses. L'agriculture et la pêche ne représentent même pas 10%.

Informations

Office espagnol du tourisme
43ter Avenue Pierre Ier de Serbie
75381 Paris cedex 08
Tél. 1/47 20 90 54
Fax 1/47 23 63 15
Minitel: 36.15 Espagne

Office espagnol du tourisme
Avenue des Arts 21/22
1000 Bruxelles
Tél. 02/280 19 26
Fax 02/230 21 47

Bureau du tourisme à Ibiza
Passeig de Vara de Rey 13
Ville d'Ibiza
Tél. 9 71/30 19 00
Fax 9 71/30 15 62

Camping

Sur les deux îles, il est interdit de planter sa tente à n'importe quel endroit. Formentera ne dispose pas de terrain de camping. Par contre, il en existe quelques-uns à Ibiza.

Es Canyar
Environ 150 emplacements situés à 300 mètres de la plage. Équipés de douches à eau chaude. Possibilité de préparer son repas. Tente de location et maisonnettes. Piscine, bar, restaurant et supermarché à disposition. Arrêt de bus.
À quelque 4 kilomètres au nord de Santa Eulària
Tél. 9 71/33 21 17

Sant Antoni
Aux 100 emplacements du camping, piscine, cafétéria, restaurant et boutiques à disposition.
Situé sur la bretelle en direction de la ville d'Ibiza et à l'ombre des pins. À environ 1 kilomètre de la baie de Sant Antoni.
Tél. 9 71/34 05 36

Cala Bassa
Il se compose de 400 emplacements situés à la périphérie ouest de la baie de Sant Antoni. Niché dans une forêt de pins, à proximité directe de la plage.
Tél. 9 71/34 45 99

Vêtements

Si vous vous y rendez en été, emportez des vêtements légers en coton. Par contre, si vous voyagez à l'intersaison, il est préférable d'emporter des vêtements plus chauds. En effet, une brise venant de la mer souffle toujours le soir. De fin mai à septembre, il faut également s'attendre à des averses. Ceci est valable pour les deux îles. Pour ce qui est du style d'habillement, la différence ne pourrait être plus grande entre les deux îles. Alors qu'à Ibiza, on tient compte de la mode, à Formentera, on s'habille plutôt négligemment.

Journaux

Vous pouvez trouver des journaux en français dans presque toutes les localités. Le quotidien de l'île est le «Diaro de Ibiza».

Soins médicaux

En cas de maladie ou d'accident, la protection assurance-maladie conclue entre les pays de l'Union européenne entre en vigueur. Vous pouvez demander, à votre mutuelle, le fascicule contenant le formulaire E 111 requis, ainsi que les explications en la matière.
Les soins dispensés dans les hôpitaux publics (Ibiza: Can Misses, Formentera: Centro Médico) sont gratuits. Le choix du médecin, que nous connaissons chez nous, n'existe pas en Espagne. En outre, les dentistes ne reçoivent les patients qu'en consultation privée. Comme le remboursement des frais médicaux est limité, il est conseillé de contracter une assurance maladie complémentaire quand vous voyagez.

Naturisme

Il est, officiellement, autorisé de faire du naturisme sur les plages Es Cavallet et S'Aigo Blanca à Ibiza, ainsi que sur la plage de ses Illetes à Formentera. Le monokini est pratiqué sur toutes les plages.

Politique

Depuis 1983, il existe en Espagne 17 régions autonomes. Elles ont leurs propres structures régionales et leur propre parlement. La «Comunitat Autónoma de les Illes Balears» est l'une de ces communautés. Outre les îles Baléares de Majorque et de Minorque, Ibiza et Formentera en font également partie. Palma de Majorque en est la capitale. Le siège gouvernemental (Govern Balear) y a établi ses quartiers. Au Parlement, Ibiza et Formentera sont représentées par 13 députés. Majorque et Minorque en ont 46. Le conseil insulaire (Consell Insular) d'Ibiza et de Formentera décide des affaires communales. Les partis principaux d'Espagne et également des Pityuses sont le parti conservateur PP (Partido Popular) et le parti socialiste PSOE.

Poste

La poste est ouverte du lu-ve de 8 h 30 à 14 h 30 et de 9 h 30 à 13 h le samedi. L'envoi d'une lettre ou d'une carte dans les pays européens coûte 70 Ptas. Il faut compter environ une semaine pour qu'elle arrive à destination.

Radio

Vous pourrez y capter un programme en français. Radio Popular de Ibiza émet en FM sur 89.1 MHz.

Formalités

Les citoyens de l'Union européenne peuvent y voyager avec leur carte d'identité. Les enfants doivent être repris dans le passeport familial ou posséder une carte d'identité personnelle.

Temps

Le climat y est égal et doux. La Méditerranée y veille. Elle fonctionne comme un accumulateur de chaleur. Les températures ne descendent pratiquement jamais sous zéro et la chaleur estivale est souvent adoucie par une brise fraîche. Les statistiques parlent de 300 jours d'ensoleillement par an. Si vous souhaitez découvrir des plages solitaires et voir des fleurs sauvages, il convient de vous rendre aux Pityuses aux mois de mars et d'avril. L'eau n'est, cependant, agréablement chaude qu'à partir de mi-mai. En juillet et en août, il est difficile de trouver un petit endroit tranquille. De début septembre à mi-octobre, les îles se font de plus en plus calmes, même si l'eau conserve des températures de baignade jusqu'à début novembre. Il est conseillé aux individualistes de s'y rendre vers Noël. Les mois de janvier et de février sont les moins agréables.

Langue

Les insulaires parlent deux langues. D'une part, le castillan, ce que nous appelons l'espagnol. D'autre part, le

Données climatiques exactes sur base de la ville d'**Ibiza**

		Janvier	Février	Mars	Avril	Mai	Juin	Juillet	Août	Septembre	Octobre	Novembre	Décembre
Températures moyennes en °C	Jour	14,6	14,6	16,4	18,6	22,2	25,6	28,3	28,8	27,0	22,7	18,6	16,0
	Nuit	6,9	6,8	8,8	10,9	14,1	17,9	20,7	21,5	19,6	15,3	11,5	8,7
Heures d'ensoleil. par jour		4,6	6,3	6,6	8,1	9,6	10,6	11,4	10,3	8,2	7,1	5,8	5,3
Jours de Pluie		6	6	6	5	3	3	1	1	4	8	10	9
Temp. de l'eau		14	13	14	15	17	21	24	25	24	21	18	15

Source: Service météorologique allemand, Offenbach

catalan qui n'est absolument pas un dialecte espagnol, mais une ancienne langue culturelle qui, comme d'autres langues romanes, s'est développée à partir du latin. Cette dernière ressemble au français. Elle fut jadis florissante, grâce au poète de Majorque Ramon Llull (1235-1316). Au cours des siècles qui ont suivi, elle perdit de l'importance. Le pouvoir central la supprima et, sous le règne de Franco, elle fut même interdite comme langue officielle.
Depuis que l'Espagne est un pays démocratique, les choses ont changé. Aujourd'hui, le «català» est une langue que l'on enseigne dans les écoles et une langue de la conversation courante en tous lieux. À Ibiza et Formentera, les jeunes grandissent dans un environnement bilingue. Les plus âgés ne comprennent souvent rien d'autre que leur dialecte local, qui diffère encore un peu du catalan.
Depuis 1991, les localités, les rues et les noms des Pityuses respectent l'orthographe catalane. Ainsi, «Santa Inès» devient officiellement «Santa Agnès» et la rue «calle» s'appelle aujourd'hui «carrer». Cet enchevêtrement des langues est assez déconcertant pour le visiteur, outre le fait que les cartes géographiques et les panneaux reprennent les noms des rues et des localités parfois en castillan et parfois en catalan.

Téléphone

Les nouvelles cabines téléphoniques fonctionnent avec des pièces et des cartes. Vous pouvez les acheter dans les bureaux de tabac.

Indicatifs internationaux

E → F	07 33
E → B	07 32

Composez, ensuite, le numéro de votre correspondant en supprimant le zéro.
Pour téléphoner depuis la France et la Belgique en Espagne, il convient de former le 0034. Tous les numéros d'Ibiza et de Formentera et même des autres îles baléares commencent par 9 71.

Décalage horaire

L'heure d'Europe centrale est valable à Ibiza et à Formentera. L'heure d'été (heure d'Europe centrale plus 1 heure) correspond à celle des autres pays européens.

A

Aceitunas: olives
Agua: eau
–mineral: minérale
Ahumado: fumé
Ajo: ail
A la parilla: grillé
A la plancha: cuit sur la plaque
Alcachofa: artichaut
Anchoas: anchois, sardines salées
Arroz: riz
Asado: rôti
Atún: thon
Aves: volaille
Azúcar: sucre

B

Bacalao: morue séchée, morue salée
Bebida: boisson
–con hielo: avec des glaçons
–sin alcohol: sans alcool
Bistec: bifteck
Bombón: praline
Budin: pudding

C

Café cortado: café avec un soupçon de lait
Calamar: seiche
Calderata de langostino: soupe de langoustine
Caldo: bouillon de viande
Callos: abats de viande
Carne: viande
Caza: gibier
Cebollas: oignons
Cerdo: viande de porc
Cerezas: cerise
Cerveza: bière
Chorizo: saucisse piquante
Chuleta: côtelette
Coliflor: chou-fleur
Cordero: agneau
Crudo: cru
Crustáceos: crustacés
Cubierto: couvert

D

Dátiles: dattes
Dulces: sucreries

E

Embutido: saucisse
Ensalada mixta: salade mixte
Escalope: escalope
Espinaca: épinard
Estofado: bœuf braisé

F

Fideos: nouilles
Flan: crème caramel
Frambuesa: framboise
Fresa: fraise
Fruta del mar: fruit de mer
Frutas: fruits

G

Gambas: crevettes
Guisado: ragoût, viande de bœuf
Guisantes: pois

H

Hielo: glace
Hígado: foie
Huevo: œuf

J

Jamón de York: jambon cuit
Jamón serrano: jambon séché à l'air
Judías: haricots

L

Leche: lait
Legumbres: légumes, légumes secs
Lenguado: sole
Lentejas: lentilles
Limón: citron

M

Mahonesa: mayonnaise
Mantequilla: beurre
Manzana: pomme
Mariscos: fruits de mer
Mejillónes: moules
Melocotón: pêche
Mermelada: marmelade, confiture
Miel: miel
Mostaza: moutarde

N

Naranja: orange
Nata batida: crème fouettée
Nueces: noix

O

Olla: pot-au-feu cuit
Ostra: huître

P

Paella: plat à base de riz
Pan: pain
Panecillo: petit pain
Pasteles: pâtisserie
Patatas: pommes de terre
–cocidas: salées
–fritas: frites
Pato: canard
Pepinos: concombres, cornichons
Pera: poire
Pescado: poisson
Pimienta: poivre
Pimiento: poivron
Piña: ananas
Plátano: banane
Pollo: poule, poulet
Postre: dessert
Potaje: jardinière, potage
Pulpo: seiche

Q

Queso: fromage
–blanco: de brebis, de chèvre

R

Requesón: fromage blanc et frais
Riñones: rognons

S

Sal: sel
Salchichas: petites saucisses
Salchichón: saucisse
Salmón: saumon
Salsa: sauce
Sandía: pastèque
Sardinas: sardines
Solomillo: filet
Sopa: soupe
Sorbete: sorbet

T

Tarta: tarte garnie
Té: thé
Ternera: veau
Torta: gâteau
Tortilla francesa: omelette
–española: omelette de pommes de terre
Trucha: truite

U

Uvas: raisins

V

Vaso: verre
Verduras: légumes, salade
Vinagre: vinaigre
Vino: vin
–blanco: blanc
–del pais: du pays
–rosado: rosé
–seco: sec
–tinto: rouge

Z

Zanahoria: carotte
Zumo (de frutas): jus de fruit

Vous trouverez ci-après les lieux et buts d'excursion repris dans le présent guide. L'index répertorie également les mots clés principaux, les dénominations locales, ainsi que les STOP du guide. Si un terme y figure à plusieurs reprises, le chiffre imprimé en **gras** renvoie au descriptif le plus complet.

Published originally under the title *Ibiza Formentera* (Niklaus Schmid)

Cette édition par: Chantecler, Belgique-France.
Traduction française: Eurologos Belgique
D-MCMXCIX-0001-35
Imprimé dans l'UE

Photo couverture: G.P. Müller, Ville d'Ibiza/port
Cartes: cartographie Huber

Photos

H. Arndt: 4, 22, 105
G.P. Müller: 7, 29, 62/63, 82, 88, 97, 111
H.-G. Roth: 2, 5, 8, 9, 11, 15, 17, 19, 20, 25, 26, 34, 35, 39, 40, 41, 44, 45, 46, 49, 51, 53, 54, 55, 57, 61, 65, 67, 69, 73, 75, 77, 80, 81, 83, 86, 92, 95, 98, 99, 104
N. Schmid: 24, 102, 115
T. Stankiewicz 32, 78, 91